电网资产全寿命周期管理体系知识解析

主编　黄道友

中国科学技术大学出版社

内 容 简 介

本书详细地介绍了资产全寿命周期管理体系的运行执行过程、评价标准和在各环节的深化应用，主要内容分为理论概念篇、运行执行篇、评价提升篇和深化应用篇，是电网资产全寿命周期管理体系的基础知识手册。

本书可以作为资产全寿命周期管理体系常态运行指导和体系深化应用提升的培训教材，也可作为设备、发展、物资、建设、财务等部门人员的学习资料。

图书在版编目(CIP)数据

电网资产全寿命周期管理体系知识解析/黄道友主编.—合肥:中国科学技术大学出版社,2020.12

ISBN 978-7-312-05100-5

Ⅰ.电… Ⅱ.黄… Ⅲ.电力工业—工业企业管理—资产管理—研究—安徽 Ⅳ.F426.61

中国版本图书馆CIP数据核字(2020)第237127号

电网资产全寿命周期管理体系知识解析

DIANWANG ZICHAN QUAN SHOUMING ZHOUQI GUANLI TIXI ZHISHI JIEXI

出版 中国科学技术大学出版社
安徽省合肥市金寨路96号,230026
http://press.ustc.edu.cn
https://zgkxjsdxcbs.tmall.com

印刷 安徽国文彩印有限公司

发行 中国科学技术大学出版社

经销 全国新华书店

开本 710 mm×1000 mm 1/16

印张 10.25

字数 178千

版次 2020年12月第1版

印次 2020年12月第1次印刷

定价 55.00元

《电网资产全寿命周期管理体系知识解析》指导委员会

主任委员　王　坤　江和顺

副主任委员　王刘芳　张　健

编委会

主　　编　黄道友

副 主 编　张征凯　康　健

编　　委（按姓氏笔画排序）

丁国成　王　翀　王春辉　付广远
付俊新　汤　宁　刘华喜　李　探
宋东波　肖向虎　杨海涛　汪柏松
周远科　赵新德　凌　松　钱宇骋
秦金飞　梁文彪　戚振彪　傅　忠
储　惠

前　言

从资产管理到资产全寿命周期管理及其体系的形成，是一个复杂而漫长的发展过程，作为实物资产体量庞大、类型繁多的资产密集型企业，加强实物资产全过程、系统性的运营管理和价值管理，可以实现资产管理的综合最优。

资产全寿命周期管理以整体资产的运营与发展为主线，是推进集团运作、集约化发展、精益化管理和标准化建设管理的重要手段，对于降低资产运营风险，提高资产效益，控制资产运营成本有重要意义。国家电网公司自2008年引入资产全寿命周期管理以来，已经建立起了纵向融合、横向畅通的具有国际先进水平的资产全寿命周期管理体系，大幅度地提升了内部资产运营的效率效益，彰显了国际一流的企业形象，促进了企业的持续健康发展。

资产全寿命周期管理强调对资产整个寿命周期的全过程管理，要求确立统一的资产管理理念和目标，改变传统的条块分割、分而治之的管理方式，从资产管理的源头抓起，统筹规划机会、物资采购、工程建设、运维检修、退役处置等各环节。同时，通过建立资产全寿命周期的性能评估、风险评估和成本核算的动态模型，实现资产管理决策的定量化、科学化，促进资产管理向精益化方向发展。为贯彻国家电网有限公司资产全寿命周期管理重点工作要求，国网安徽省电力有限公司设备部总结自身在电网资产全寿命周期管理方面的经验，组织资产全寿命周期管理经验丰富的专家编写了本书。书中详细地介绍了资产全寿命周期管理体系（以下简称“资产管理体系”）运行的执行过程、评价标准和在各环节的深化应用，旨在提高各专业人员对资产全寿命周期管理体系的认识，提高体系运行效率，推进各专业体系深化应用。

本书的出版，既是国网安徽省电力有限公司资产管理体系多年的研究探索和实践应用的总结，更是一次系统性的梳理过程。我们希望通过本书，凝练固化体系运行成果，指导各专业及各单位持续改进，提升资产管理水平，推进体系运转与实际业务深度融合。

由于时间仓促，书中难免有不足或疏漏之处，敬请读者指正。

编　者

2020年7月

目　　录

第1篇　理论概念篇

第2篇　运行执行篇

第3篇 评价提升篇

第4篇 深化应用篇

第1篇

理论概念篇

第1章 基础概念

1.1 资产全寿命周期管理相关概念

1.1.1 资产、资产集、资产组合的定义

（1）资产可分为实物资产、人力资产（资源）、信息资产、金融资产及无形资产(例如：商誉、社会责任、道德准则、社会形象等）五大类。实物资产是体系建设的重点，而其他资产与实物资产管理息息相关且产生直接影响。例如：人力资源因素虽然已经超出实物资产的范围，但其对企业成功实现资产管理优化以及可持续发展有着重要作用。这一特性同样适用于企业的所有者、管理者、执行者以及承包商、供应商等。各类资产关系图如图1.1所示。

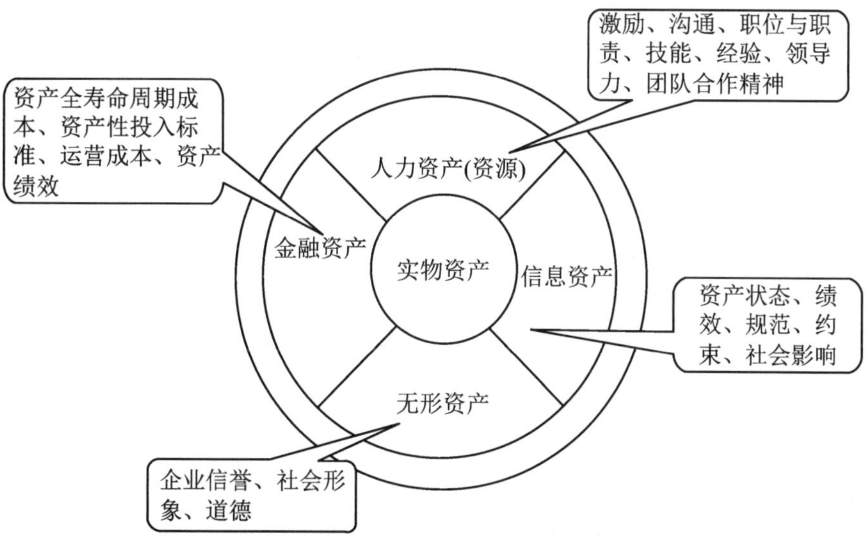

图1.1　各类资产关系图

实物资产是指企业拥有的具有明确量化价值、能单独发挥作用的实物资产,也称为固定资产。电网实物资产为与资产管理活动相关的所有固定资产,包括电厂设备、电网一次设备、厂站自动化系统、调度自动化系统、继电保护及安全自动装置、电力通信设备、自动控制设备、电网(电厂)辅助及附属设施、安全技术劳动保护设施、电能计量装置、试验及监(检)测装备、专用工器具、生产服务车辆等。涵盖资产规划计划管理、采购招标管理、工程建设管理、运维检修管理及退役报废管理的全过程。

(2) 资产集是指由多个资产单体组成的、相互作用或相互关联以满足业务需要和服务的一套资产。例如:以回路为单位的一套资产,以变电站为单位的一套资产等。

(3) 资产组合是指依据重要性、状态及绩效对资产和资产集进行的组合。资产和资产集之间可以高度关联,或独立对企业的整体绩效发挥作用。可通过差异化管理,对整个资产组合中的资产及资产集进行优化。

1.1.2 资产管理的定义

资产管理是指组织实现资产价值的全部协调活动,在企业中,是对生产经营活动所需各种资产的取得(采购、运输)、保管(验收、保管)、运用(供应、发放、合理使用、节约代用和综合利用)等一系列计划、组织、控制等管理工作的总称。

1.1.3 资产全寿命周期的定义

资产全寿命周期是指资产的规划、计划、采购、建设、运行、检修、技改、报废的全过程。资产全寿命周期关键环节可划分为规划计划、采购建设、运维检修、退役处置四个业务阶段,每个业务阶段的工作内容均具有各自的特点,完整覆盖资产全寿命周期的全过程。资产全寿命周期在各业务环节有如下工作划分:

1. 规划计划环节

(1) 电网规划:电网基建和技改等的规划编制、方案比选以及方案的动态修正。

(2) 项目立项:可行性研究、投资估算、方案编制、项目方案比选等。

(3) 投资计划:综合平衡各类项目的资金需求,对基建、技改、大修等各类项目进行投资风险评价后，做出综合决策或项目整合。

2. 采购建设环节

(1) 初步设计：初步设计准备、编制项目初步设计文件(包括概算)，对设备的布置方案及选型设计、初步设计评审与批复。

(2) 物资采购：上报物资采购计划、签订合同、质量监督、物资配送和抽检。

(3) 工程建设：土建施工、设备安装、设备调试及投运前的准备工作。

(4) 投运转资：设备核对、资产移交、创建设备台账、技术参数录入、创建资产卡片、编制竣工决算书、转增资产。

3. 运维检修环节

(1) 状态评价：开展设备监视，分析设备在线数据和历史数据，评估设备当前状态和未来状态发展趋势。

(2) 运行维护：设备巡视、检测维护、生产准备与缺陷管理和相应的信息录入(包括对输电设施、变电设备、配网、电缆及通道、相关附属设备、变电站所、厂区等的维护)。

(3) 检修管理：设备清扫和消缺、例行或诊断性试验检修、故障抢修和相应的信息录入等(包括对输电设施、变电设备、配网、电缆及通道、相关附属设备等的检修)。

(4) 技术改造：对现有电网生产设备、设施及相关辅助设施等资产进行更新、完善和配套等，包括大型技改、专项技改和科技类技改等。

(5) 备品备件：备品备件的采购、储备、维护、使用和管理以及信息维护。

4. 退役处置环节

(1) 报废审批：对退役资产进行技术鉴定、分级审批等。

(2) 再利用：延长资产使用寿命，利旧。

(3) 后评估：对资产全寿命周期单体成本进行分析。

1.1.4 资产全寿命周期管理的定义

资产全寿命周期管理(Life Cycle Asset Management，LCAM)是一种国际通行的先进资产管理理念，是指在企业总体战略目标指引下，以企业整体资产为研究对象，以企业经济发展情况为基础，针对企业各类资产，综合应用系统论、协同论、信息论的思想与方法,对资产全寿命周期管理各个环节的管理活动进行统筹协调与优化,实现各个环节目标、流程、制度、标准、方法的高效协同,控制运营风险,实现企业管理全局最优的管理目标。

资产全寿命周期管理是资产管理更为全面、系统的现代化企业管理手段,是在全寿命周期成本(Life Cycle Cost,LCC)管理基础上产生发展的更为科学合理的管理办法,其本质是系统工程理论在资产管理上的应用。对于企业来说,资产全寿命周期管理以整体资产为主要对象,以经济发展和市场前景为着力基础,对资产运用进行整体规划,统筹项目投资、设备采购、运维成本、技改大修和退役处置,确保资产的效益,降低支出成本,满足企业经济发展的需要。

国家电网公司资产全寿命周期管理是指以公司总体发展目标为指导,以实物资产为核心,涵盖并统筹与实物资产相关的人力、信息、金融、无形资产,运用系统工程方法和模型,统筹协调资产在规划计划、采购建设、运维检修、退役处置全寿命周期的管理行为和技术要求,实现资产全寿命周期内安全、效能、成本的综合最优。

1.1.5 资产全寿命周期管理目标

通过资产全寿命周期管理理念的导入,促进目标管理从注重设备效率向注重资产效率的转变,管理方法从技术决策向技术经济决策的转变,管理方式从职能管理向流程管理的转变,实现资产实物流、信息流、价值流合一的高度集约化管理模式,实现资产全过程精益化管理,实现企业资产安全、效能、成本的综合最优。

1.1.6 资产全寿命周期管理的特点

在电力系统推广应用资产全寿命周期管理,对系统可靠性和部件失效分析以及失效引起的损失评定是开展该项工作必不可少的步骤。电力系统以往较偏重于可靠性,而采用资产全寿命周期管理后则追求可靠性和成本的最优。

资产全寿命周期管理具有以下特点:

(1) 追求寿命周期费用最经济。

(2) 从技术、经济、管理三方面进行综合管理和研究。

（3）应用可靠性管理和维修性工程技术。

（4）管理范围扩展，从设备的研究、设计、制造、购置、安装、使用、维修、改造，一直到报废为止的全过程，即对设备进行全过程管理。

（5）注重各种信息的反馈管理。

1.2 资产全寿命周期管理体系相关概念

1.2.1 管理体系的定义

一般意义上的管理体系，是指企业组织制度和管理制度的总称，是企业建立目标并实现目标所需的相互联系或相关作用的一组管理“要素”。这组“要素”明确企业如何确定目标，实现这些目标需要做哪些事情，这些事情由谁来做，按照什么程序做，出现问题时如何处理，需要哪些资源、相关激励、保障措施，以及出现问题时如何进行处理和修正。

国际标准把整个企业管理活动视为过程，强调策划（计划）和对策划的检验，以此建立自我改进、自我完善的机制，通过定期的内部审核和管理评审，对管理体系的成效进行测评。

1.2.2 资产全寿命周期管理体系的定义

资产全寿命周期管理体系（以下简称“资产管理体系”）是诸多管理体系中的一种，其主要目的是帮助企业实施资产管理并有效地运行，实现资产管理目标。目前，国际上通用的资产管理体系标准为ISO 55000，任何组织，只要其资产是实现业务目标的关键因素，都适用于此类标准。

ISO 55000充分借鉴了PAS 55标准中成功的关键主题，包括通过资产管理体系的建立和运行，ISO 55000可以帮助企业建立优化资产的管理体系及完整的资产管理治理机制，从而降低资产管理风险，持续改善绩效和提高竞争优势，有利于改善企业形象、提高企业声誉并被利益相关方所认可。

1.2.3 资产管理体系的特征

（1）基于OPDCA（目标、计划、过程管控、监测评价、持续改进）的闭环管理的系统性特征。

（2）强调体系具有可优化、可持续的特征，明确体系成熟度评价标准。

（3）强调风险管理在资产全寿命周期的应用。

（4）强化沟通协同管理，要求资产管理流程的实物、信息、价值的“三流合一”，以确保业务顺畅开展。

（5）强调科学管理方法的应用，特别是通过挖掘分析历史数据，在现有实际状况的基础上，加强对通用技术方法模型的应用。

1.2.4 资产管理体系建设指导思想

资产管理体系建设指导思想是以公司发展战略为指引，充分应用“三集五大”体系建设成果，按照“职责、流程、制度、标准、考核”五位一体的工作要求，继承、发扬公司多年资产管理成果和经验，借鉴ISO 55000国际资产管理标准和方法，围绕电网资产管理核心业务，坚持统筹规划、务实有效、强化基础、全面覆盖、整体推进的基本原则，创新开展具有公司特色资产管理工作体系，全面提升公司资产管理水平。

1.2.5 资产管理体系建设的主要内容

1. 完善业务体系

在“三集五大”体系建设基础上，按照“目标—计划—执行—检查—纠正”的基本流程，以统一的目标为方向，以协调的规划计划为指导，以协同的执行过程为基础，以统筹的资源配置为保障，以持续的评价改进为机制，以完备的综合管理为支撑，进一步明确资产管理业务范围及业务间协同关系，形成覆盖全寿命周期各阶段、各环节的资产管理业务体系。

2. 落实资产管理职责

成立领导小组，加强工作的统一领导。明确归口管理部门，确保工作的有效执行。落实各级业务部门职责，按照资产管理体系规定的职责分工开展各专业管理工作，并负责各专业范围内沟通、协商管理，内部审核、纠正与预防及持续改进等工作，以及与其他专业间的业务协同，对下级单位本专业范围内工作开展情况进行检查、评价和考核。

3. 完善业务流程

构建实物流、价值流、信息流“三流合一”的资产管理业务流程，强化业务流程衔接关系，实现流程贯通，形成各业务横向协同、纵向衔接的高效运作体系。合理调配人员、物资、资金，保证工作计划按时、优质、高效执行。明确各类工作要求，完整记录和管理资产全寿命周期工作信息，确保数据准确、完整、及时。

4. 统一技术方法

基于状态评估模型(SEM)、风险评估模型(REM)、全寿命周期成本模型，结合资产墙分析，构建资产管理通用技术方法，形成规划、采购、建设、运行、维护、检修、技改、退役、报废等业务环节的管理策略，指导资产寿命周期活动的开展。在资产管理活动中应用包括优先级排序等计划编制方法、风险管理方法、策略制定方法、人员能力评估方法等，实现资产全寿命周期内安全、效能、成本的综合最优。

5. 完善协调工作机制

建立跨流程、跨专业、跨部门、跨单位的协同工作机制，在资产管理规章制度中进行明确，并有效运行。

6. 完善资产风险管控机制

开展资产全寿命周期风险分析和管控，确保风险防控机制落实到各项业务，并有效运行。明确风险识别标准和维护策略，有效识别和评价与资产、资产集、资产管理活动相关的风险。制定、实施并维护应急预案、方法和具体流程，定期开展应急培训及应急演练，并进行培训和演练结果评价。

7. 建立运行监控及改进提升机制

建立指标监测、过程监控、合规性评价等运行监控及持续改进机制，实现资产管理绩效监测、分析、协调控制的常态化运作，保证资产管理体系的有效运转。及时查找本单位资产管理工作存在的短板，形成纠正或预防措施，建立健全诊断、反馈、培训、整改、验收的闭环机制，定期评价资产管理活动对法律法规、外部监管规定及企业相关规定的遵从情况。

8. 加强培训及人员能力建设

开展全员宣贯培训及骨干培训工作，并对培训效果进行评估。开展与资产管理相关岗位人员的能力建设、能力评估，制订、实施提升计划。

9. 夯实基础管理水平

消除资产全寿命周期内不同环节技术标准之间的差异，形成公司协调、统一的资产技术标准体系。建立本单位资产账、卡、物一致性长效管理机制，规范基础资料和信息管理，确保各类信息的融合贯通和资产账、卡、物的一致和联动。规范电网基建工程项目、城农网工程项目、技改工程项目等管理工作，实现资产全过程工作流程衔接，形成资产账、卡、物有效联动。

第2章　通用技术方法

2.1　基础管理方法

资产全寿命周期管理基础方法主要包含PDCA循环法、企业管理体系层次分析法、逐级承接分解法等，针对不同资产对象的实际状态及决策决定因素，结合外部政策、监管要求、社会用户需求、企业战略规划目标、人财物现状等要求，通过纵向、横向、内外部以及实际资源（能力）的协同整合，识别资产管理业务，优化资产管理流程，指导资产全寿命周期管理活动开展。

2.1.1　标准工作程序模型

以PDCA管理模型为基础，全新定义包括八个步骤的OPDCA标准工作程序模型，开展具体管理体系建设和工作程序安排，具体如图2.1所示。

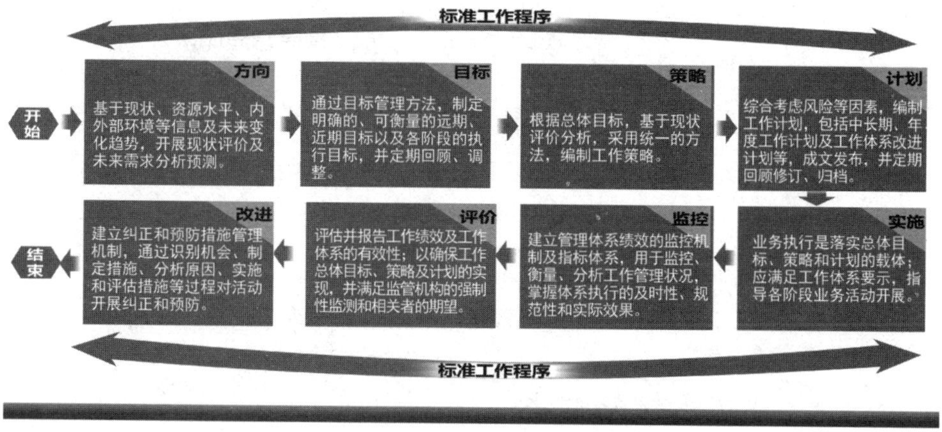

图2.1　标准工作程序模型

2.1.2 企业管理体系层次分析法

创新建立企业管理体系层次分析法，运用该方法定义业务范围，识别业务能力，构建管理体系，完善既有业务流程。

企业管理体系层次分析法是建立资产管理体系的基础方法，其主要过程包括：

(1) 定义资产管理相关的业务范围，包括资产范围、组织范围、专业范围。

(2) 基于电网企业组织架构，识别与资产管理相适应的业务能力。

(3) 采用流程管理方式，将业务能力进行贯通，也可以形成资产管理端到端流程。

(4) 将资产管理目标、策略、计划进行层层分解，直至具体执行岗位，形成上下一致、运转顺畅的业务流程。最终形成目标统一、要素完备、业务协同、资源统筹的资产管理体系。如图2.2所示。

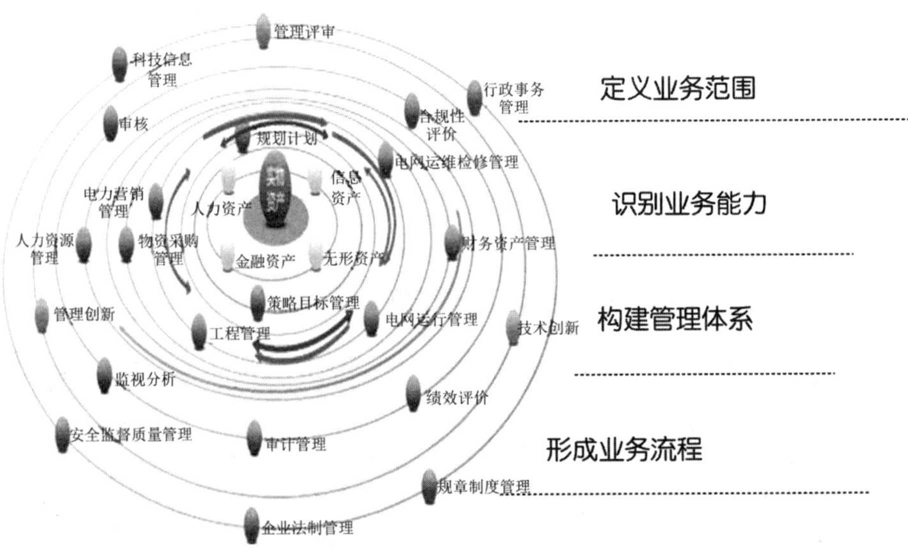

图2.2 企业管理体系层次分析法

2.1.3 逐级承接分解法

采用逐级承接分解法，开展资产全寿命周期管理目标分解、策略制定、计划安排、流程优化和指标考核等工作。其核心理念是逐级分解、上下承接，各层级之间充分沟通、确保共识，最终构建出统一、稳定、完整的工作结构。如

图2.3所示。

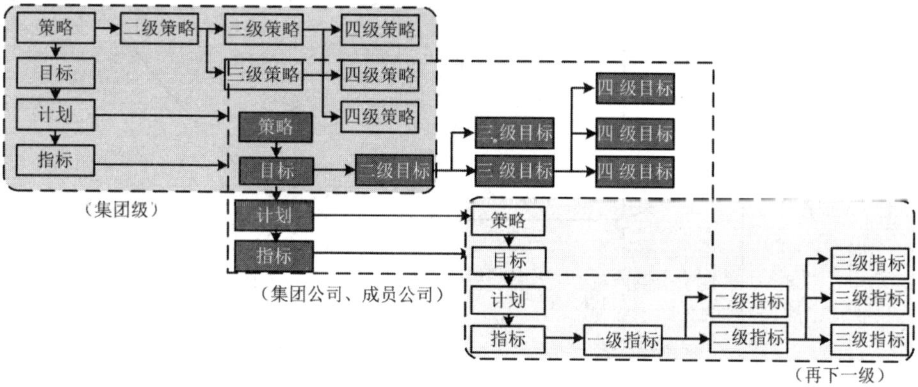

图2.3　逐级承接分解法

2.2　基础技术方法

2.2.1　状态评价模型

资产管理状态评价模型以电网设备故障概率浴盆曲线为基础，计算、分析各类电网资产在不同运行阶段可能发生故障的概率，并依此确定电网资产的基本技术状态。资产管理状态评估模型如图2.4所示。

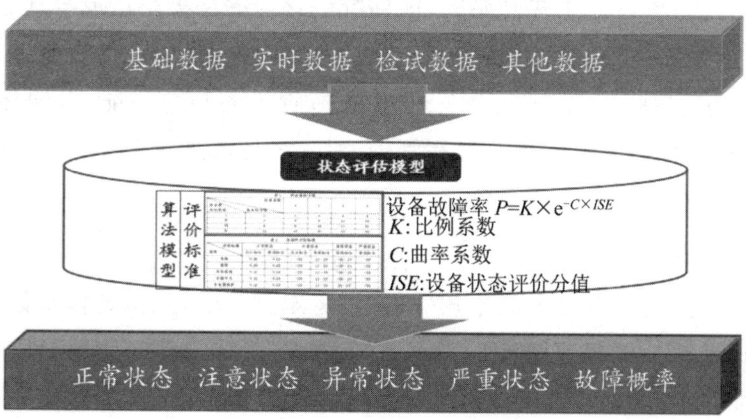

图2.4　资产管理状态评价模型

设备浴盆曲线是指产品从投入到报废为止的整个寿命周期内的故障率，其可靠性的变化呈现一定的规律。故障率（失效率）随时间的变化分为3个阶段：早期失效期、偶然失效期和耗损失效期，如图2.5所示。

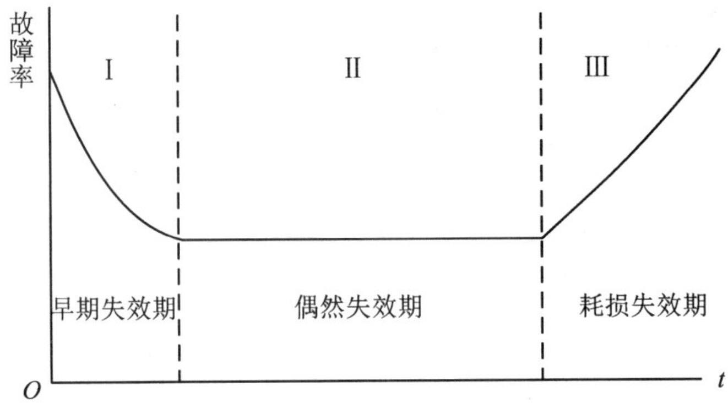

图2.5　设备故障浴盆曲线图

1. 早期失效期

早期失效期表明产品在开始使用时，失效率很高，但随着产品工作时间的增加，失效率迅速降低，这一阶段的失效大多是由设计、原材料和制造过程中的缺陷造成的。为了缩短这一阶段的时间，产品应在投入运行前进行试运行，以便及早发现、修正和排除故障，或通过试验进行筛选，剔除不合格品。

早期失效期对应的资产全寿命周期管理阶段为规划设计阶段和建设阶段。经过电力设备的故障原因统计分析，造成早期失效的原因有：设计、制造、材料、运输、保管、安装、调试和试运行等，而通常业主单位对设备的管理是从试运行结束后才正式开始的，前期统一管理的缺失是造成早期失效的主要原因，因而，资产全寿命周期管理的重心要前移到设备还没有制造前，要从制造商评估、招投标的LCC计算、设计制造阶段的LCC验证、运输保管和安装、调试和特性验收试验等全过程管理，对各个环节进行把关，把早期失效率降到最低。

2. 偶然失效期

这一阶段的特点是失效率较低，且较稳定，往往可近似看作常数，产品可靠性指标所描述的就是这个时期，这一时期是产品的良好使用阶段，进入偶发失效期，设备故障率大致处于稳定状态。在此期间，故障发生是随机的，其故障率最低，并且稳定，这是设备的正常工作期或最佳状态期。

偶然失效期对应的资产全寿命周期管理阶段为运行维护阶段。在此阶段资产全寿命周期管理的任务是维修策略的研究，包括定期检修、状态检修、抢修等多种方式,以资产的效能和全寿命周期成本作为判断依据。

3. 耗损失效期

该阶段的失效率随时间的延长而迅速增加,主要由磨损、疲劳、老化和耗损等造成,故障率不断上升。因此认为如果在耗损失效期开始时进行大修,可经济而有效地降低故障率。

耗损失效期对应的资产全寿命周期管理阶段为退役报废阶段。该阶段涉及设备的使用寿命的研究,包括技术寿命、物理寿命、经济寿命等因素,在此阶段的判断依据是技术寿命、物理寿命和经济寿命的综合考虑,据此来决定设备是大修、更换或扩容,还是继续使用。

单个资产失效率通过 *ISE* 健康指数体现。故障概率计算公式为

$$P=K\times e^{-C\times ISE}$$

其中,P 为被评价设备每一评价周期的故障概率(取值范围为0～1,目前评价周期一般为1年,单位:次/(台·年));K 为比例系数;C 为曲率系数;*ISE* 为设备状态评价分值。

根据设备浴盆曲线图,选取典型设备,结合其设计、制造、材料、运输、保管、安装、调试、试运行、定期检修、状态检修、抢修、磨损等数据,计算设备故障概率。如图2.6所示。

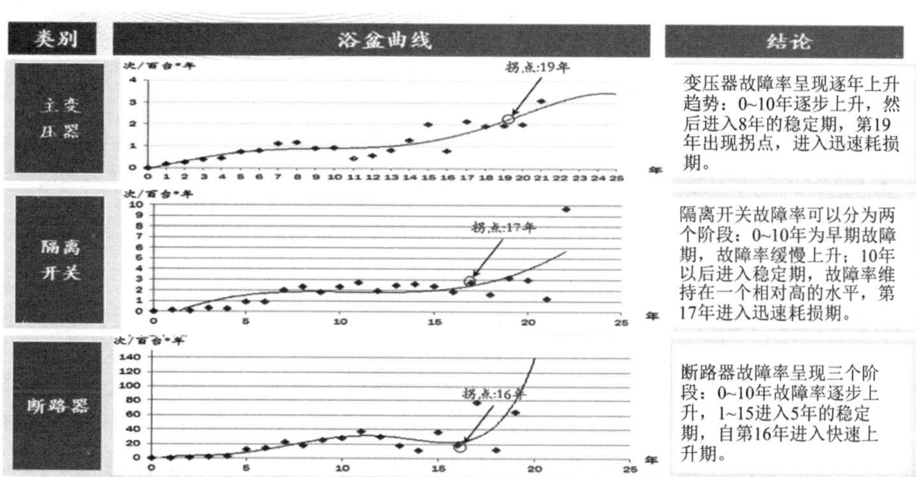

图2.6 设备故障概率图

2.2.2 风险管理模型

1. 主要说明

在公司全面风险管理框架下，围绕公司总体资产管理目标，通过在资产管理全寿命周期中执行风险管理的基本流程，建立健全资产风险管理体系，包括资产风险初始信息收集、风险识别与评估、风险策略、风险预警和监督改进，从而为实现资产风险管理的总体目标和具体目标提供合理的过程和方法。

(1) 初始信息收集

依托业务流程，以专业管理为基础开展初始信息收集，动态收集风险初始信息，对初始信息进行筛选，依据提炼和分类情况，开展风险梳理识别工作。收集的信息要基于资产全寿命周期管理要求，涵盖资产和资产管理全过程，包括资产管理策略、目标、规划设计、采购、安装验收、运维检修、退役报废、变更管理等环节。

(2) 风险识别与评估

风险评估包括风险辨识、风险分析、风险评价3个步骤：

风险辨识是指查找公司资产全寿命周期管理活动中各业务流程中存在的风险，资产风险识别与评估工作采用常态、动态和专项管理相结合的管理方式。

风险分析是对辨识出的风险及其特征进行明确的定义，采用定性与定量方法相结合的方式分析和描述风险发生可能性的高低、风险发生的条件。定性方法可采用问卷调查、集体讨论、专家咨询、情景分析、政策分析、行业标杆比较、管理层访谈、由专人主持的工作访谈和调查研究等。定量方法可采用概率技术、统计推论(如集中趋势法)、计算机模拟(如电网潮流极限计算、短路电流计算等)、失效模式与影响分析、事件树分析等。

风险评价是评估风险对企业实现目标的影响程度、风险的价值等。从风险发生的可能性与风险综合损失程度两个方面进行量化并确定风险值：

$$风险值=风险发生的可能性\times综合风险损失程度$$

风险发生的可能性分为极低、低、中等、高、极高5个级别，对应业务发生频率为可能每5年以上发生、可能每1～5年发生、可能每年发生、可能每半年发生、可能每月发生该类风险，并依次对应1至5分。

风险综合损失程度从社会影响、直接经济损失、电网和设备安全、人身伤亡4个维度分析确定,选取4个因素的最高值作为损失度。每个维度的风险损失程度分为5个级别,并依次对应1至5分。

依据风险值来确定风险等级,分别为重大风险、中等风险和一般风险。

一般风险:指发生的可能性较低,或发生后对公司的综合损失程度较小的风险,1≤风险值≤4。

中等风险:指介于一般风险与重大风险之间的风险,4<风险值≤9。

重大风险:指发生的可能性较高,且发生后对公司的综合损失度较大的风险,9<风险值≤25。

(3) 风险策略

在资产管理策略和全面风险管理策略指导下,确定资产管理的风险偏好、风险承受度、风险管理有效性标准,选择风险承担、风险规避、风险转移、风险转换、风险对冲、风险补偿、风险控制等合适的风险策略,并确定资产风险管理所需人力和财力资源的配置原则。在评估多项风险时,应根据风险发生可能性的高低和对目标影响程度的评估,绘制风险坐标图,对各项风险进行比较,初步确定对各项风险的管理优先顺序和策略。

根据风险坐标图中划分的绿色、黄色、红色3个区域,确定承担绿色(一般风险)区域中的各项风险且不再增加控制措施;严格控制黄色(中等风险)区域中的各项风险且专门补充制定各项控制措施;确保规避和转移红色(重大风险)区域中的各项风险且优先安排实施各项防范措施。

(4) 风险预警

资产风险预警包括确定关键风险指标、关键风险指标的阈值(预警区间)、预警频率、预警方式。各步骤的主要工作内容如下:

关键风险指标可按照风险指标识别、筛选关键风险指标、关键风险指标详细设计三个步骤确定。风险指标识别是对重要风险进行详细分析,识别出反映关键风险变化的预警性指标和反映风险状态变化的评价性指标。

关键风险指标的预警区间可根据历史数据分析、电网发展规划、资产管理目标和绩效体系确定,预警区间包括黄色提醒和红色警告两级。

预警频率指预警的周期设置。

预警方式分为自动和手动两种,自动预警指经过设置,由相关信息系统自动进行预警;手动预警指通过人工判断,人为提出预警。

(5) 监督与改进

定期对风险管理工作的有效性进行自查和检验,对资产风险控制措施的合理性进行评价,以保证资产风险控制手段的得当和有效执行。在资产风险应对措施实施后对资产风险事项进行再评估,通过对措施实施前后评估结果的对比分析,及时发现存在的缺陷并改进,实现资产风险管理工作的闭环管理。

2. 风险信息管理

风险信息管理是公司风险管理的重要方面,风险信息管理的主要表现形式为建立资产管理风险信息库,基于完善的风险信息库管理机制保证风险管理工作的有效开展。

(1) 风险信息库的用途

公司建立规范统一的风险信息库,确立公司四级风险分类体系,统一风险分类和定义,制定统一的风险评估规范,明确评估方法,确定定性与定量风险评估标准。

公司风险信息库基于公司各项业务管理及其重要业务流程,进行风险成因识别、风险等级评估和风险措施拟定,公司各业务部门可参照该信息库定期识别重大风险,明确管控重点,实施风险管控。

(2) 风险信息库的构成

① 公司风险信息库

依据各职能部门对各自专业风险的分类、描述、损失度等信息的梳理、收集,公司对各专业的风险进行归纳和识别,通过以下程序形成公司层面的风险:由各业务部门依据《风险评估标准》对本专业的风险进行识别和评估,风险等级达到重大风险级别的,上报风险管理委员会办公室审核,审核通过后上升为公司层面风险。

② 各专业风险信息库

公司各职能部门在了解各专业基本情况的基础上,系统地收集和确认各个层面对专业管理目标有影响的风险事件,包括内部和外部的专业风险事件,并根据风险的定义对专业风险事件进行归类,形成各专业当前风险状态的风险信息库。

a. 风险分类体系

结合公司管理实际，确立四级风险分类体系，一级风险共16类，包括战略风险、投资风险、安全生产风险、财务风险、工程建设风险、人力资源风险、公司形象风险、科研风险、电力交易风险、法律风险、资产管理风险、市场营销风险、信息风险、廉政风险、维稳风险和环境风险。

二级风险是对一级风险的细化，针对二级风险中和资产管理相关的风险，各专业结合实际情况，在二级风险的基础上进行三级、四级风险的细化分类。

b. 风险描述

在风险描述中应包含风险因素、风险事件、风险损失。

c. 风险成因描述

针对每一个风险，风险成因包括外部成因和内部成因。各部门需从公司外部环境和内部管理两个方面，完整识别并分析风险的形成原因，风险成因应具体、明确，风险结果应相对微观、能落地。

d. 风险影响描述

对风险给公司带来的影响进行定性描述，可从电网安全、人身伤亡、社会影响、直接经济损失和环境破坏等维度进行描述。

e. 风险损失度

各部门对识别出的风险，从电网安全、人身伤亡、社会影响、直接经济损失和环境影响5个维度分析其影响程度。

f. 发生可能性

风险发生的可能性分为5个级别，分别是极低、低、中等、高、极高，详见《风险评估标准》。

g. 风险值

风险值=风险发生的可能性×综合损失度，根据风险值将风险等级分为3种：一般风险、中等风险和重大风险。

h. 风险应对措施

各业务部门根据公司风险管理策略（风险承担、风险规避、风险转移、风险补偿、风险控制），采取相应的控制措施并有效控制风险。

i. 责任部门

对每一个风险，需列明风险控制的责任部门。

j. 责任岗位

各部门针对每一个风险，列明风险控制的责任岗位，如涉及多个岗位，要逐一列示，承担主要控制责任的岗位写在前，承担次要控制责任的岗位写在后。

k. 风险再评估

在风险控制措施实施后，对风险进行再评估，通过对比风险控制前后的风险值，分析风险控制措施的有效性。

l. 监督与改进

在风险管理过程中，评估风险控制措施是否得当，针对存在的问题提出改进建议。

3. 风险评估标准

风险评估标准按照定性和定量的分析方法，通过分析风险发生的可能性和风险损失度，计算出相应的风险值，依据风险值来确定风险等级。

（1）风险值

风险管理中通过风险值对风险进行评估，风险值=风险发生的可能性×综合风险损失程度。

（2）风险发生的可能性

风险发生的可能性分为5个级别，分别是极低、低、中等、高、极高；对应业务发生频率为：可能每5年以上发生该类风险（极低）、可能每1～5年发生该类风险（低）、可能每年发生该类风险（中等）、可能每半年发生该类风险（高）、可能每月发生该类风险（极高），并依次对应1至5分，详见表2.1。

表2.1　风险发生的可能性

可能性	可能性描述	分值
极低	可能每5年以上发生该类风险	1
低	可能每1～5年发生该类风险	2
中等	可能每年发生该类风险	3
高	可能每半年发生该类风险	4
极高	可能每月发生该类风险	5

(3) 风险损失程度

风险损失程度是指风险事件的影响后果,从社会影响、直接经济损失、电网和设备安全、人员伤亡4个维度分析确定,选取5个因素的最高值作为综合损失度。每个维度的风险损失程度分为5个级别,并依次对应1至5分。

社会声誉:将社会影响风险损失程度分为5个级别,分别为较小、一般、较大、重大、严重,详见表2.2。

表2.2 风险损失程度——社会影响

风险损失程度	风险损失程度描述	分值
较小	在县所辖范围内受影响,但该影响可由所辖公司短期内自行消除	1
一般	在地市范围内受影响,但该影响需要一定时间、付出一定代价消除	2
较大	在网省范围内受影响,这种影响需要较长时间、付出较大代价消除	3
重大	在全国范围内受影响,这种影响需要通过长时间努力、付出巨额代价消除	4
严重	在国际范围内受影响,这种影响难以消除	5

直接经济损失:将直接经济损失风险损失程度分为5个级别,分别为较小、一般、较大、重大、严重,详见表2.3。

表2.3 风险损失程度——直接经济损失

风险损失程度	风险损失程度描述	分值
较小	10万元以下	1
一般	10万元及以上至100万元以下	2
较大	100万元以上至1000万元以下	3
重大	1000万元以上至5000万元以下	4
严重	5000万元及以上	5

电网和设备安全:将电网和设备安全风险损失程度分为5个级别,分别为较小、一般、较大、重大、严重,具体内容执行《国家电网公司安全事故调查

规程》中电网和设备事故(事件)级别划分标准,详见表2.4。

表2.4　风险损失程度——电网和设备安全

风险损失程度	风险损失程度描述	分值
较小	符合《国家电网公司安全事故调查规程》的八级电网和设备事故(事件)	1
一般	符合《国家电网公司安全事故调查规程》的七级电网和设备事故(事件)	2
较大	符合《国家电网公司安全事故调查规程》的六级电网和设备事故(事件)	3
重大	符合《国家电网公司安全事故调查规程》的五级电网和设备事故(事件)	4
严重	符合《国家电网公司安全事故调查规程》的四级及以上电网和设备事故(事件)	5

人员伤亡:将人员伤亡风险损失程度分为5个级别,分别是较小、一般、较大、重大、严重,详见表2.5。

表2.5　风险损失程度——人员伤亡

风险损失程度	风险损失程度描述	分值
较小	2人以下人员轻伤	1
一般	3人以上5人以下人员轻伤	2
较大	5人及以上10人以下人员轻伤	3
重大	10人以上人员轻伤	4
严重	人员死亡或者人员重伤	5

在风险评估过程中,各专业也可根据自身的专业特点对风险评估标准进行适当调整,选择不同的维度或者增加风险评估模型进行辨识和评估,但不同评估标准对风险等级的划分应保持一致。

(4) 风险等级

依据风险值来确定风险等级,分为重大风险、中等风险和一般风险3个等级,详见表2.6。

表2.6 风险等级

风险等级	风险等级描述	风险值
一般风险	风险发生的可能性较低,或风险发生后对公司的综合损失度较小的风险	1≤风险值≤4
中等风险	介于一般风险与重大风险之间的风险	4<风险值≤9
重大风险	风险发生的可能性较高,且发生后对公司的综合损失度较大的风险	9<风险值≤25

(5) 风险矩阵图

对风险发生可能性的高低和风险对目标影响程度进行定性或定量评估后,依据评估结果绘制风险坐标图,如图2.7所示。

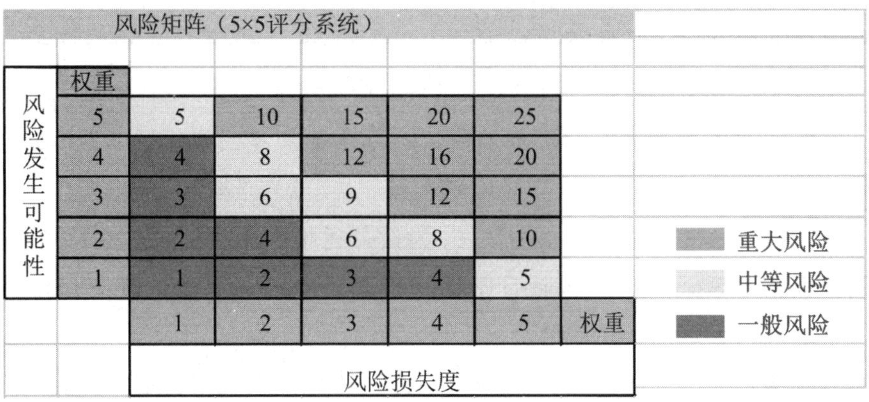

图2.7 风险评估矩阵图

2.2.3 全寿命周期成本模型

LCC 概念起源于瑞典铁路系统,1965年美国国防部在全军实施。1996年国际电工委员会(IEC)发布了国际标准IEC 60300-3-3,并于2004年7月又发布了修订版。1999年6月美国时任总统克林顿签署了政府命令,各州政府所需的装备及工程项目,要求必须有LCC 报告,没有LCC估算、评价,一律不准签约。此外,国际大电网会议(CIGRE)也在2004年提出要用全寿命周期成本来进行设备管理,鼓励制造商提供产品的LCC 报告。国际上各重要电力设备制造商,如ABB、Siemens等,都开展了其产品的LCC 相关研究。国外电力公司也非常重视LCC 管理,通过资产管理计划制定资产的全寿命周期管理策略,如英国NG公司、新西兰Ashburton电力公司等。

LCC管理是经济分析的一种方法，即从项目的长期效益出发，全面考虑设备或系统的规划、设计、建造、购置、运行、维护、更新、改造，直至报废的全过程，使LCC最小的一种管理理念和方法，从系统最优的角度考虑成本管理问题。主要包括资本性投入成本、资产运维成本、资产检修成本、资产故障处置成本、资产报废处置成本。

资本性投入成本主要包括设备的购置费、安装调试费和其他费用；资产运维成本主要包括设备运维人工、材料成本、设备损耗；资产检修成本主要包括周期性解体检修费用、周期性检修维护费用；资产故障处置成本主要包括设备故障抢修人工、材料成本；设备故障损失电量主要包括故障检修费用、故障损失费用；资产报废处置成本主要包括资产提前退役成本、资产报废处置过程成本、报废资产处置收入。

资产全寿命成本计算公式如下：

$$LCC=C_1+C_2+C_3+C_4+C_5$$

C_1为资本性投入成本。资本性投入成本主要包括设备的购置费、安装调试费和其他费用。

C_2为资产运维成本，$C_2=C_{21}+C_{22}$，C_{21}为设备运维人工、材料成本，C_{22}为设备损耗。设备日常运维费用包括日常巡视检查需要的巡视设备费用和材料费用以及巡视人工费用。

C_3为资产检修成本。主要包括周期性解体检修费用、周期性检修维护费用。每项检修和维护项目的费用包括了针对该项活动需要供货方提供的设备材料费用以及服务费用；还包括业主方在该项活动中业主方设备、材料费用以及人工费用(含另请的第三方人工、材料费用)。

C_4为资产故障处置成本，$C_4=C_{41}+C_{42}$，C_{41}为设备故障抢修人工、材料、台班成本，C_{42}为设备故障损失电量。故障检修费用包括故障现场检修费用和如果故障需返厂修理引起的其他费用。故障损失费用包括停电损失费用、设备性能及寿命损失费用以及间接损失费用(可能会发生的赔偿费用，造成的不良社会影响以及公司信誉受损等)。

C_5为资产报废处置成本，$C_5=C_{51}+C_{52}-C_{53}$，C_{51}为资产提前退役成本，C_{52}为资产报废处置过程成本，C_{53}为报废资产处置收入。

在对LCC周期成本进行分析时采用等额年度成本当量法(Equivalent Uniform Annual Cost，EUAC)法，如图2.8所示。

EUAC值为年均资本投入成本(年均折旧费)与年均维持费用之和。随着使用年限的增加,折合到使用阶段每一年所分摊的购置费将逐年减少,而资产的运维检修费却因其性能的逐步恶化,每年所需的费用将逐年增加。两者之和所构成的资产年均总费用(EUAC值)就会出现在开始一些年份逐年减少,至某一年份达到最小值,之后出现随着使用年份的增加又逐渐增大的现象。对应于年均总费用最少的年份,便是从经济角度看"有效使用"的期限,称为经济使用寿命。

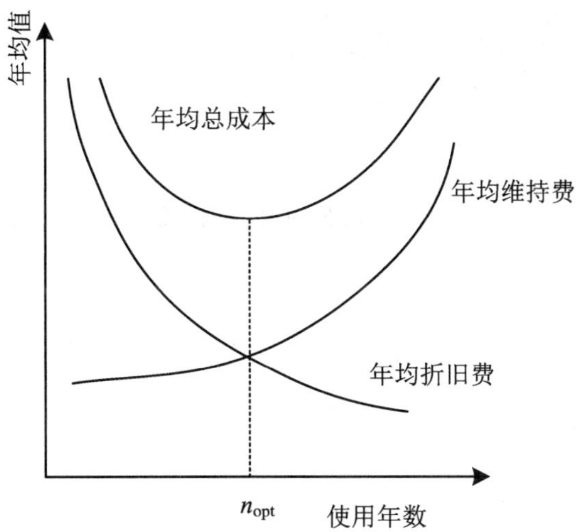

图2.8 EUAC分析方法

2.2.4 资产墙模型

资产墙模型主要用于技改、运维规模预测,用以支撑资产管理策略制定。该方法的核心思路是集成公司现有业务系统中电网固定资产的技术、成本、绩效等综合信息,对公司后续中长期资产改造、运检规模进行预测,并结合公司经营内外部要求、制约因素,提出缓解公司未来资产管理面临压力的管理举措。对各类资产的财务折旧寿命、近年来实际使用寿命、发改委电价监审的要求寿命及设计寿命进行分类分析,根据不同的寿命,对资产墙(现状)进行平移,预测技改规模、资产量。

对不同类型资产,按照相对应的各类寿命进行平移,对于公司整体资产的预测,需要将各类资产的资产墙进行平移后再叠加。延伸价值规模资产墙分析方法,建立设备数量规模资产墙,并结合单类资产缺陷率,对运维工作量进行预测。如图 2.9 所示。

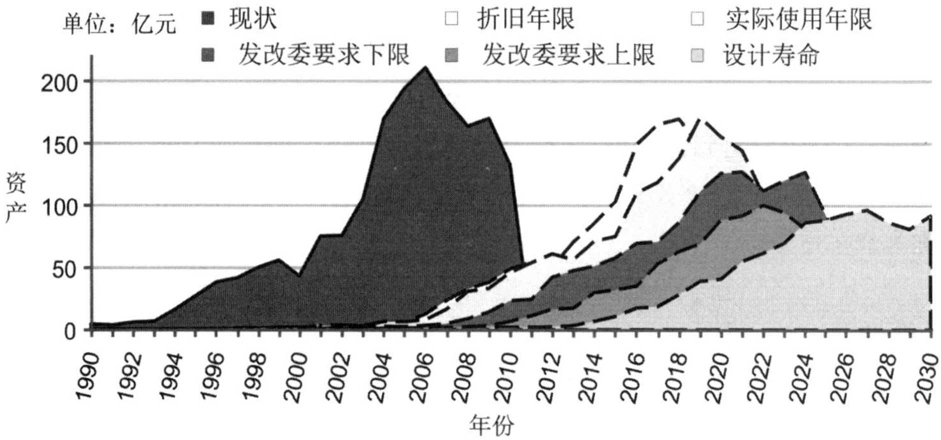

图 2.9　某公司资产墙示意图

第2篇

运行执行篇

第3章　体系发展历程

3.1　资产管理体系建设必要性

从20世纪90年代起,国际先进电力企业积极推行资产全生命周期管理,取得了很好的成效,如英国国家电网公司(NG)、新加坡电力公司等。基于PAS 55标准,在实施资产全生命周期管理后,企业管理更加高效,在资产规模不断增长的背景下,供电成本得到有效控制,供电可靠性不断提升。新的电价改革模式对电网企业管理提出了更高的要求。输配电价改革以核定有效资产为基础,按准许收益加准许成本的管制方式,强化了政府对定价机制的监管,进一步明确企业的核心目标在于价值的创造能力。在扩销有限但安全考核以及客户服务要求日趋提升的双重压力下,电网企业应从管理着手,降低经营成本,提升经营效益。作为资产密集型企业,提升资产管理绩效是必然的选择。

运用资产全寿命周期管理理念对实物资产进行管理和运营,是有效提升企业竞争力、提高资产运营效率的有效途径。实施资产全寿命周期管理对电网公司具有以下意义:

(1) 有利于提升决策者的研判能力和决策科学性。一方面可以帮助企业准确把握各类资产的运营效益情况,识别出有价值的资产投资方向,有助于其优化下一步资产投资计划;另一方面,对企业资产整体资源的运营和掌控,有助于企业决策者在全局视角下优化企业资源配置,优化资产的合理布局。

(2) 有利于承载企业战略,提升企业可持续发展能力。加强企业的资产管理,尤其是资产战略管理,能够促进企业实物资产管理与企业发展战略保持一致,有效承接企业发展战略,促进企业的资产运营与企业运营有效接轨,科学指导企业的资产发展规划,落实企业资产战略,保障企业的可持续健康发展。

(3) 有助于企业提升优质服务水平,更好地实现企业价值与使命。企业的资产全寿命周期管理主张平衡企业运行相关者的利益,客户是企业的服务对象,是企业赖以生存的、非常重要的利益相关者。加强企业资产全寿命周期管理,可以提高资产运营效率和品质,提高企业产品在生产、流通以及销售环节的服务质量,从而能够更好地满足客户的需求,提升客户满意度。

(4) 有利于增强企业风险管控能力,提升风险管理水平。提高资产全寿命周期管理水平,可以提高对资产运营状况的掌控能力,帮助企业有效防范人身、电网及设备风险,由成本控制不严、财务结构不合理带来的财务风险,由投资项目规划、可行性研究失误、投资决策失误带来的投资风险,由工程项目前期工作、设计阶段、建设管理及物资采购管理不严带来的工程建设风险等。

(5) 有助于提高资产运营的环境效益和社会效益。加强企业的资产全寿命周期管理,提高企业资产运营与自然环境和社会人文有交集环节的管理水平,有助于企业解决企业发展与自然环境保护的矛盾、企业发展与社会公平的冲突,最终实现企业经济效益、环境效益以及社会效益的和谐统一。

3.2 资产管理体系建设存在的困难

(1) 体系与实际业务工作“两张皮”现象依然存在,方法论美好,具体实践承接有限。

(2) 系统性不足,在局部领域开展了一些工作,但缺乏系统全面的统筹规划。

(3) 横向业务不畅,跨领域的协同性不足,关键性的跨领域业务屡试不通。

(4) 信息系统功能缺失,虽能支持大部分业务的流转,但对各项策略的实现支撑以及对各项业务的运营监控相对不足。

3.3 资产管理体系建设方法

(1) 开展顶层设计,绘制体系蓝图。根据企业管理实践情况,结合

PAS 55基本结构和管理要素，充分借鉴国际知名电力公司成功经验，总结开展资产管理所需的关键要素，承接企业战略规划和其他管理体系对资产管理的相关要求，形成完整的资产管理体系蓝图，为体系规划提供基础。

（2）明确管理流程，按照资产全寿命周期管理的方法全面梳理业务及其关系，绘制资产管理业务活动图。理清资产管理业务交接点，明确交接点输入输出内容，重点是对过去各环节之间不通畅的流程进行对接以及对原有管理缺失流程进行增补，增强业务的协同性，为资产管理信息系统整合及打通信息壁垒提供基础。

（3）规范体系要求，在资产管理业务蓝图的基础上编制体系文档及手册，覆盖资产管理活动所必需的标准、流程、组织架构等内容。为确保体系的有效执行应用，《资产管理体系及其应用手册》还应包含资产管理体系应用环节的具体方法和执行标准，明确资产管理业务的PDCA各个环节在各部门（单位）的分工与要求。

（4）优化管理策略，编制资产管理各环节业务策略及设备管理策略，为资产管理的各个环节提供方法，是资产管理目标在资产管理活动中落实的具体方法和指引。按照资产管理策略的要求，对资产管理各项活动和相关流程进行梳理和优化，协调衔接关系，编制业务指引，将资产管理体系、策略及制度要求转化成业务流程和管理表单，真正实现管理制度化、制度流程化、流程表单化、表单信息化，员工只需执行流程和表单就能实现管理要求的落地。

3.4　电力企业资产管理体系建设历程

国家电网公司是一家国有特大型电网企业，资产规模大、种类多、增长快，同时具有对设备完好率及连续可利用率要求高等特点。电网资产本身由若干个互联的网络化资产集组成，这意味着电网资产全寿命周期管理的对象具有网络性特征，资产之间的协同性与系统性很强；同时运营电网资产不仅要体现经济价值，还要体现社会价值与用户价值，需要兼顾多维目标并取得综合平衡。在这些背景下，国家电网开展资产全寿命周期管理有着深刻的自发性与必然性。

国家电网公司通过在实践中不断摸索，总结出一条层次清晰、运行有效的资产全寿命周期管理实践道路，对提高资产管理水平、保障电网安全可靠运行、提升企业运营效率与效益等方面均具有重要意义和价值。同时,其探索实践的过程和主要做法对其他企业开展资产全寿命周期管理具有一定的参考意义。

与一般工业企业相比,国家电网公司资本、技术密集,资产具有很多鲜明的特征,资产规模大、资产网络属性强、资产目标维度多元化、资产管理链条长,基于以上特点,国家电网公司自2004年开始探索资产全寿命周期管理,力图借助资产全寿命周期管理的理念和方法,对电网资产管理进行全面优化和完善,系统性解决企业资产全寿命周期管理中存在的局限与不足。一方面,在资产经营决策中引入全寿命周期理念,从整个寿命周期统筹考虑资产的多目标属性和网络属性,采用科学的决策支持技术,为资产全寿命周期管理决策提供支撑;另一方面,从资产全寿命周期管理体系的角度,将资产全寿命周期管理与其他业务管理的职责、界面、功能进行清晰划分,建立制度化、系统化、体系化的资产全寿命周期管理框架,使资产全寿命周期管理的各项工作更为协调有效。国家电网公司的资产全寿命周期管理体系,在实践探索过程中不断总结提升,逐步建成。

1. 理论构建阶段

(1) 体系构建起步

2008年,国家电网公司成为全球最大的公用事业企业,其资产规模伴随企业发展不断扩大,资产管理难度也逐渐加大。传统的资产管理模式下资产利用效率低,无法适应国家电网公司资产规模大、覆盖面广等特点。在此背景下,如何提高资产利用效率,适应国家电网公司发展模式成为国家电网公司的重点关注问题。

为企业资产管理水平适应国家电网公司发展方式和电网发展方式的转变,国家电网公司要从根本上改变传统电网资产管理方式。2008年中工作会议上,国家电网公司党组提出:在企业系统推进资产全寿命周期管理,将其作为实现国家电网发展再上新台阶的战略举措,并将资产全寿命周期管理建设列入企业重点工作任务。自此,国家电网公司资产全寿命周期管理建设拉开序幕。

(2) 深入开展理论研究

2009～2011年间,国家电网公司积极开展了一系列资产全寿命周期管理的理论研究,针对资产全寿命周期管理中的流程优化、可靠性分析、成本评价方法等多项关键业务开展公关，为资产管理体系构建提供了坚实的理论基础。针对资产全寿命周期管理研究，国家电网公司先后开展了14个重点课题研究，对资产全寿命周期管理的理论体系构建进行了深入探索和方法搭建，同时，还从两个方面开展了10个资产全寿命周期管理重点工作。

经过深入开展资产全寿命周期管理的课题研究以及一系列重点工作，国家电网公司对资产全寿命周期管理在理论和应用方面进行了多维研究，并取得显著成效。在此基础上，国家电网公司结合"三集五大"管理变革，进一步建立健全资产全寿命周期管理体系，于2012年推出国内首个资产全寿命周期管理企业标准——《资产全寿命周期管理规范》，为企业开展资产管理提供重要的指导，同时为企业规范化进行资产管理提供参照准则。

2. 试点建设阶段

国家电网公司初步形成资产全寿命周期管理规范后，为进一步深化资产全寿命周期管理在企业的应用，2013～2014年间，在上海、福建、青海公司开始开展资产管理体系试点建设。围绕统一工作目标，完善资产管控机制，深入开展资产风险评价和控制等重点工作，首次将国家电网公司资产全寿命周期管理理论方法大范围应用于国家电网公司体系下的企业管理中。

（1）国网青海电力公司以实现组织总体效益最优为目标，构建起以流程全贯通、制度全覆盖、信息全协同为特点的资产管理体系，为实现"安全、成本、效能"三者综合最优的资产管理绩效提供了支撑。

（2）国网福建电力公司以资产管理体系设计为核心，主要将资产全寿命管理评价模型运用于电网规划、工程建设、退役报废3项关键业务建设上，有针对性地开展了22项资产管理能力提升项目，将项目成果提炼固化为规章制度，实现了试点建设成果的实用化。

（3）国网上海电力公司在"资产墙"、技改辅助决策系统、实物资产退役处置再利用、电网规划方案比选4项关键业务的试点工作中高质量完成建设任务并取得显著成效。上海公司用系统化、标准化、精益化的方法，实现了全方位、全过程、全费用的资产管控，支撑电网运行水平和经营效益的持续提升。

国家电网公司组织开展资产全寿命周期管理关键业务试点。通过总部相关部门组织，在非国际认证试点省公司和相关直属公司具体实施，应用资产全寿命周期管理评价模型，提升了规划、采购、建设、运维、退役等资产全寿命周期管理关键业务环节的管理水平，逐步建立起在统一目标指导下的高效协同管理模式。

3. 全面推广阶段

国家电网公司通过组织开展资产管理体系试点建设工作，在各试点都取得了丰硕的成果，并编制了资产全寿命周期管理、体系规范、评价办法、暂行规定、指标体系等一系列规范准则。在此基础上，国家电网公司于2014年全面开展资产全寿命周期管理的推广与实施，并于2015年全面建设具有国际一流水平和企业特色的资产全寿命周期管理体系，国家电网公司资产全寿命周期管理建设获得了里程碑式的成果。

（1）全面推广资产全寿命周期管理应用

国家电网公司于2014年依据各单位体系建设进展情况和工作质量，优选19家单位完成验收评价。2015年完成全部单位的验收评价工作。在国家电网公司召开的资产全寿命周期管理推进领导小组第八次会议上，审议并通过了5家省公司和6家直属单位资产管理体系建设的评价报告，全部省（直辖市）公司和业务相关直属单位均达到“成熟型”水平。至此，国家电网公司在全企业系统范围内建立起横向协同、纵向贯通、目标统一、运转流畅的资产全寿命周期管理工作体系，实现了资产管理体系的有效应用。

（2）形成资产管理体系

国家电网公司从编制体系建设指南、梳理完善制度标准、规范核心业务流程、统一技术方法等方面形成了资产管理体系顶层设计方案，逐步建立了一体化的资产管理信息系统，并在理论方法研究和实践应用等方面形成了一系列重要成果。2014年，ISO 55001发布，国家电网公司与时俱进，组织专家进一步对标准进行完善，加入了国际标准最新要求，并形成标准送审稿。在通过一定调整后，国家电网公司于2015年11月发布了第2版的《资产全寿命周期管理体系规范》。体系规范内容详实，层次清晰，对国家电网公司资产管理起着重要的指导和规范作用。国家电网公司已全面建成具有国际先进水平和企业特色的资产管理体系，国家电网公司今后工作重点将全面转向体系的深化应用和持续提升。

4. 持续改善阶段

（1）体系深化应用

自全面推广资产全寿命周期管理以来，国家电网公司持续深化资产管理体系在各地市的应用。国家电网公司要求各单位要深入推进资产管理体系的应用,不断发现并解决影响体系运行效果的深层次关键问题,确保体系建设各项工作稳步推进。

为确保各单位能够落实体系深化应用工作,国家电网公司构建起多维度的资产管理体系监督评价体系,通过将省、市、县三级定期自评、同级互评、上级查评等方式相结合,实现评价体系常态化,促进资产全寿命周期管理的持续性改进。

国家电网公司全面宣传与践行资产管理的思想和要求,资产管理体系全面涵盖国家电网公司系统内27家省公司、328个市级公司、1959个县级公司和6家直属单位。截至2017年底,国家电网公司所属27家省公司全部通过"成熟型"评价验收,其中包括16家省公司通过"领先型"评价验收。资产全寿命周期管理的全面推广应用获得了显著成效,实现了全企业的资产全寿命周期管理深化应用。

(2) 开拓创新阶段

2018年至今,国家电网公司围绕"建设具有卓越竞争力和持续生命力的资产全寿命周期管理体系"的长期目标,持续推进资产全寿命周期管理体系深化应用和电网资产实物"ID"建设应用。同时建立体系常态监督管控和持续改进提升的长效机制,聚焦设备全寿命周期各阶段管理业务,构建多维立体评价体系,实现体系在基层单位和关键业务领域的全面落地,真正发挥体系对提升资产管理水平的促进作用。以实物"ID"为纽带,强化各部门业务协同和管理体系融合,挖掘设备管理数据贯通价值,全面加强设备全寿命周期管理,达到"选好设备、招好设备、装好设备、用好设备"的目标,实现设备安全、质量、效能和成本的平衡协调。

第4章 组织机构

资产全寿命周期管理实行国网公司统一领导下的分级负责制，资产全寿命周期管理委员会及其办公室负责统一组织和领导公司资产全寿命周期管理工作的开展，设备管理部为资产全寿命周期管理的牵头管理部门。

4.1 组织架构

资产全寿命周期管理体系组织架构图如图4.1所示。

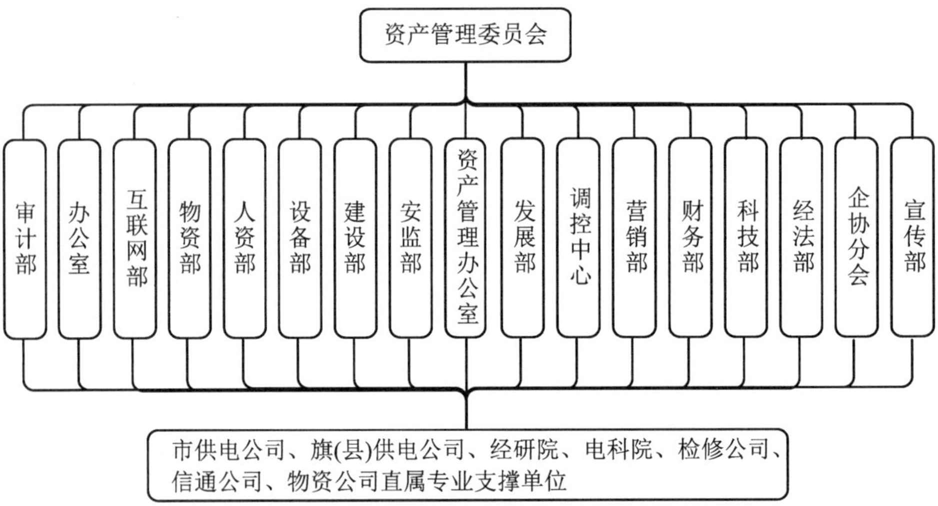

图4.1 资产管理体系组织架构图

4.2 各部门职责

1. 资产管理委员会

（1）确保按照规范的要求建立、实施与保持资产管理体系。

（2）审定并发布公司资产全寿命周期管理总体目标。

（3）审定并发布资产全寿命周期管理体系工作手册等核心文档。

（4）审定公司资产管理工作计划。

（5）审定公司资产管理指标考核评价结果。

（6）开展公司资产管理体系管理评审工作。

（7）协调解决公司资产管理工作中出现的重大问题，如严重不符合、重大风险的处置等。

2. 资产管理办公室

（1）管理业务：负责（总体）策略目标管理、资产管理体系改进计划、管理评审等3项资产管理相关业务。

（2）管理要求：负责持续改进、管理评审2项管理要求的归口管理。

3. 设备管理部

（1）管理业务：负责技改大修实施计划、运维管理、检修抢修、技改大修实施、竣工验收、状态评价、退出执行计划、资产退出、检修计划、运维计划、实施计划统筹、质量监督管理12项资产管理相关业务。

（2）管理要求：负责过程管控、状态监测、纠正和预防、协同4项管理要求的归口管理。

（3）管理资产：负责电网实物资产归口管理；负责电网一次设备资产寿命周期内技术改造、运维检修、退役报废阶段过程的管理工作。

4. 安全监察部

（1）管理业务：负责安全监察管理、应急管理2项资产管理相关业务。

（2）管理要求：负责事件管理、应急2项管理要求的归口管理。

（3）管理资产：负责安全工器具的管理工作。

5. 发展策划部

（1）管理业务：负责企业发展规划、电网规划、项目前期、投资管理、综合计划5项资产管理相关业务。

（2）管理要求：负责现状评价、目标、策略、计划4项管理要求的归口管理。

6. 建设部

管理业务：负责工程前期、工程建设计划、工程建设3项资产管理相关业务。

7. 电力调度控制中心

（1）管理业务：负责调度计划、设备监控管理、调控运行管理、继电保护管理、自动化管理、通信管理6项资产管理相关业务。

(2) 管理资产:负责电网二次设备、通信设备资产寿命周期内运维检修阶段的管理工作。

8. 营销部

(1) 管理业务:负责业扩计划、业扩受理、计量设备管理和客户报修4项资产管理相关业务。

(2) 管理资产:负责计量类资产寿命周期内技术改造、运维检修阶段等过程的管理工作。

9. 人力资源部

(1) 管理业务:负责劳动组织管理、干部员工管理、绩效管理、人才开发培训管理、绩效评价5项资产管理相关业务。

(2) 管理要求:负责组织、培训和人员能力3项管理要求的归口管理。

10. 财务资产部

(1) 管理业务:负责预算成本、会计核算、资金管理、资产产权管理、工程财务管理、风险内控管理、价格管理7项资产管理相关业务。

(2) 管理要求:负责风险管理要求的归口管理。

11. 物资部

管理业务:负责物资计划管理、物资采购管理、仓储配送管理、废旧物资管理和应急物资管理5项资产管理相关业务。

12. 互联网部

(1) 管理业务:负责信息管理、监测管理、信息体系3项资产管理相关业务。

(2) 管理要求:负责绩效监测、记录、信息系统3项管理要求的归口管理。

(3) 管理资产:负责信息设备寿命周期技术改造、运维检修等过程的管理工作。

13. 科技部

管理业务:负责技术标准、技术创新2项资产管理相关业务。

14. 经济法律部

(1) 管理业务:负责法律事务、规章制度管理、合规性评价3项资产管理相关业务。

（2）管理要求：负责合规性评价、法律法规、标准制度（制度部分）、体系文档（制度类文档）4项管理要求的归口管理。

15. 办公室

（1）管理业务：负责档案管理资产管理相关业务。

（2）管理要求：负责沟通管理要求的归口管理。

16. 企协分会

（1）管理业务：负责管理创新、审核2项资产管理相关业务。

（2）管理要求：负责审核、标准制度（标准部分）、体系文档（标准类文件）3项管理要求的归口管理。

17. 审计部

管理业务：负责生产经营审计、投资基建审计、综合审计3项资产管理相关业务。

18. 党委宣传部（对外联络部）

管理业务：负责品牌建设管理、新闻管理2项资产管理相关业务。

4.3 基层单位职责

市公司资产全寿命周期管理委员会负责组织和领导本单位和县公司资产全寿命周期管理工作的开展。

直属单位资产全寿命周期管理委员会负责组织和领导本单位资产全寿命周期管理工作的开展。

市县公司和直属单位的运检部为本单位资产全寿命周期管理的牵头管理部门。

市县公司和直属单位各相关部门负责各项管理要求的归口管理，具体分工由本单位资产管理委员会根据组织架构和业务线确定，主要负责按照公司本部已明确的相关专业部门职责范围，开展本专业资产管理工作，并按照体系运行要求开展例行工作。

市县公司和直属单位根据实际所辖资产归属，由资产所属部门和单位负责开展资产的具体管理活动。

第5章 覆盖范围

5.1 资产范围

以实物资产为核心，涵盖并统筹与实物资产相关的人力、信息、金融、无形资产。其中实物资产的范围为企业所辖的与资产管理活动相关的所有固定资产，包括电网一次设备、厂站自动化系统、调度自动化系统、继电保护及安全自动装置、电力通信设备、自动控制设备、电网辅助及附属设施、安全技术劳动保护设施、电能计量装置、试验及监（检）测装备、专用工器具、生产服务车辆等。

5.2 业务范围

资产全寿命周期管理体系涉及业务职能覆盖各专业部门，涵盖策略目标管理、资产管理体系改进计划、管理评审、合规性评价、企业发展规划、电网规划、项目前期、投资管理、综合计划、预算成本、会计核算、资金管理、资产产权管理、工程财务管理、风险内控管理、价格管理、应急管理、安全监察管理、质量监督管理、技改大修实施计划、运维管理、检修抢修、技改大修实施、状态评价、退出执行计划、资产退出、检修计划、运维计划、实施计划统筹、业扩计划、业扩管理、计量设备管理、客户报修、技术标准、技术创新、信息管理、通信管理、信息体系、工程前期、工程建设计划、工程建设、竣工验收、物资计划管理、物资采购管理、仓储配送管理、废旧物资管理、应急物资管理、品牌建设管理、新闻管理、生产经营审计、投资基建审计、综合审计、法律事务、规章制度管理、劳动组织管理、干部员工管理、绩效管理、人才开发培训管理、绩效评价、调度计划、设备监控管理、调控运行管理、继电保护管理、自动化管理、监测管理、管理创新、审核、档案管理共68项子业务。各项子业务归口管理如图5.1所示。

业务部门	业务职能
资产全寿命周期管理归口管理部门	策略目标管理、资产管理体系改进计划、管理评审
发展部	企业发展规划、电网规划、项目前期、投资管理、综合计划
财务部	预算成本、会计核算、资金管理、资产产权管理、工程财务管理、风险内控管理、价格管理
安监部	应急管理、安全监察管理
设备部	技改大修实施计划、运维管理、检修抢修、技改、大修实施、竣工验收、状态评价、退出执行计划、资产退出、检修计划、运维计划、实施计划统筹、质量监督管理
营销部	业扩计划、业扩受理、计量设备管理、客户报修
互联网部	信息管理、监测管理、信息体系
建设部	工程前期、工程建设计划、工程建设
物资部	物资计划管理、物资采购管理、仓储配送管理、废旧物资管理、应急物资管理
宣传部	品牌建设管理、新闻管理
审计部	生产经营审计、投资基建审计、综合审计
经法部	法律事务、规章制度管理、合规性评价
人资部	劳动组织管理、干部员工管理、绩效管理、绩效评价、人才开发培训管理
调控中心	调度设计、设备监控管理、调控运行管理、继电保护管理、自动化管理、通信管理
科技部	技术标准、技术创新
企协	管理创新、审核
办公室	档案管理

图5.1　各部门资产管理业务职能

第6章　体系常态运行任务

根据《资产全寿命周期管理体系规范》要求，公司资产管理体系涵盖资产管理12大项、25小项管理要求。在“三集五大”体系建设基础上，按照“目标(O)-计划(P)-执行(D)-检查(C)-纠正(A)”的基本要求，以统一的目标为方向，以协调的规划计划为指导，以协同的执行过程为基础，以统筹的资源配置为保障，以持续的评价改进为机制，以完备的综合管理为支撑，进一步明确资产管理业务范围及业务间协同关系，形成覆盖寿命周期各阶段、各环节的资产管理业务体系，如图6.1所示。

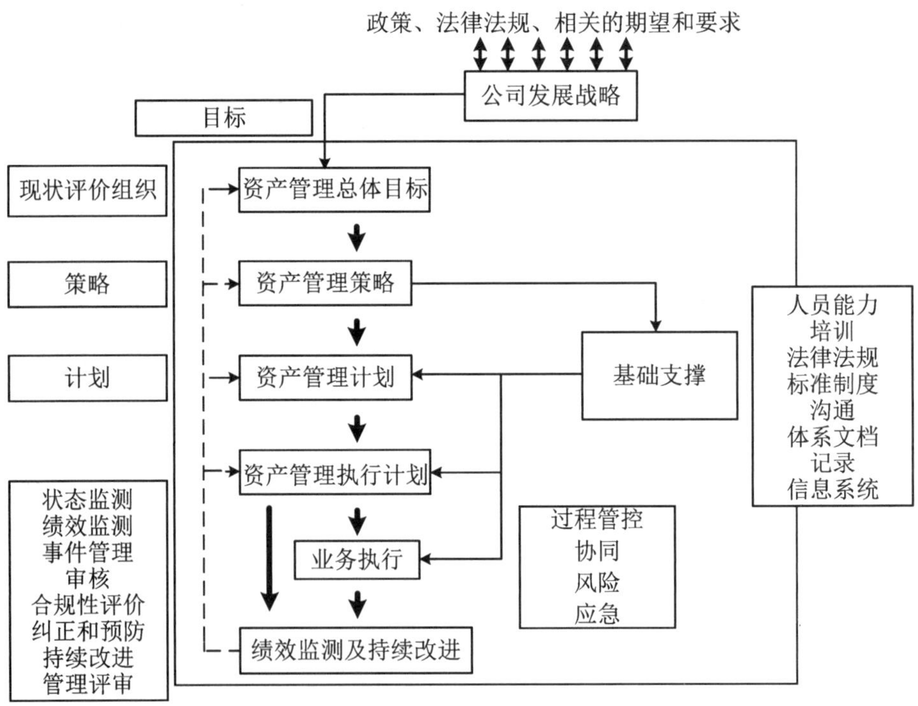

图6.1　资产管理体系图

目标策略(O、P)管理包括现状评价、目标、策略和计划，现状评价作为目标、策略和计划编制（修编）的基础，需在编制（修编）目标、策略和计划之前开展。策略承接资产管理总体目标，基于现状评价结果编制，指导目标和计划的制订。计划的制订是为了实现目标。

关键业务(D)管理包括规划计划、采购建设、运维检修、退役处置4个阶段的资产管理活动管控，是为了有效监控资产管理各阶段成本、风险和绩效，保证资产管理计划完成。

监测评价(C)和改进(A)管理，状态监测和绩效监测确保资产管理整体绩效得到全过程、全方位监测。事件管理、审核、合规性评价及纠正和预防作为一组闭环措施，确保资产管理体系运转的有效性和符合性，为资产管理持续改进提供支撑。管理评审评估资产管理体系调整要求，为公司最高管理层制定和调整战略规划提供依据。

基础支撑管理涵盖人员保障、控制保障、信息保障3个方面，组织、培训和人员能力从人力资源层面保证资产管理各项活动正常开展和实现资产管理目标。法律法规和标准制度是各项资产管理活动开展的法律和制度依据。风险管控贯穿于资产管理各项活动中，应急管理用于应对突发事件和紧急情况，保持资产管理的连续性。协同和沟通确保流程的顺畅运转、业务的融合贯通和资产管理活动信息的有效传递和反馈。体系文档支撑各项管理活动的正常开展，通过对资产管理活动过程中的各类信息进行记录，确保信息的准确性、完整性、可识别性和可追溯性。信息系统作为管理工具支撑各项管理活动过程访问、记录和协调。

6.1 现状评价

1. 现状评价

现状评价根据各项资产管理活动的实际需求分层、分级进行。现状评价分为资产现状评价和资产管理现状评价，支撑各类目标、策略、计划的制(修)订。设备部是资产现状评价的归口管理部门，调控中心、营销部、科信部等部门负责配合开展所管辖资产的现状评价。

2. 现状评价要求及内容

现状评价分为资产现状评价和资产管理现状评价。

(1)资产现状评价主要是针对各类实物资产的规模、结构、健康状况等情况进行分析评价。

① 资产现状评价的对象主要有主网设备、配网设备、调控设备、信息通信设备、计量设备等电网实物资产，具体统计的资产类型如表6.1所示。

表6.1 现状评价资产类型

序号	资产类型		电压等级	资产性质
1	主网设备	主变压器	35～1000 kV	省属/代管
2		架空线路	35～1000 kV	省属/代管
3		断路器	35～1000 kV	省属/代管
4		电缆线路	35～1000 kV	省属/代管
5		母线	35～1000 kV	省属/代管
6		避雷器	35～1000 kV	省属/代管
7		电抗器	35～1000 kV	省属/代管
8		电流互感器	35～1000 kV	省属/代管
9		电压互感器	35～1000 kV	省属/代管
10		隔离开关	35～1000 kV	省属/代管
11		耦合电容器	35～1000 kV	省属/代管
12		阻波器	35～1000 kV	省属/代管
13		组合电器-断路器	35～1000 kV	省属/代管
14		组合电器-CT	35～1000 kV	省属/代管
15		组合电器-PT	35～1000 kV	省属/代管
16		组合电器-刀闸	35～1000 kV	省属/代管
17		组合电器-避雷器	35～1000 kV	省属/代管
18		组合电器-母线段	35～1000 kV	省属/代管
19	配网设备	配电变压器	10(20) kV	省属
20		环网柜	10(20) kV	省属
21		配电电缆线路	10(20) kV	省属
22		配电架空线路	10(20) kV	省属
23		配电断路器	10(20) kV	省属
24	调控设备	自动化设备		省属
25		继电保护设备		省属
26	计量设备	非贸易结算电能计量装置		省属
27	信通设备	信息设备		省属
28		通信设备		省属
29	生产辅助设备	制造检修设备		省属
30		生产管理用具		省属
31		运输设备		省属

② 资产现状评价的主要内容包括各类资产的规模、结构、状态、效率(负载)、缺陷等基本情况，以及资产新增、调拨、再利用、报废和账、卡、物一致性等管理内容。

(2) 资产管理现状评价是在资产现状评价的基础上，对资产管理各项业务进行全面分析评价，资产管理现状评价包括电网发展诊断分析、各业务诊断分析、资产管理体系现状评价。

① 电网发展诊断分析。公司发展部是电网发展诊断分析的归口管理部门，与设备部、建设部、调控中心等部门配合，电网发展诊断分析每年至少开展一次。

电网发展诊断分析主要是考虑公司绿色环保、低碳及可持续发展要求，对电网发展目前面临的速度与规模、安全与质量、效率与效益等方面开展诊断，提出今后(以下一年度为主，兼顾2～3年计划)电网发展应采取的措施行动，为制订中长期的电网发展规划和年度计划提供支撑。

外部环境分析主要包括国家宏观经济环境、政府规制、环境保护政策、产业发展政策、市场环境、技术环境6个方面；内部因素分析主要包括企业愿景、社会责任、核心资源3个方面。

② 资产管理各业务诊断分析。公司发展部是资产管理各业务诊断分析的归口管理部门，资产管理相关业务部门配合，资产管理各业务诊断分析每年1～2月份开展。

资产管理各业务诊断分析主要以各业务部门的年终工作总结、专题分析报告等形式体现，针对上一年度关键绩效指标达成情况、重要工作任务完成情况等业务管理结果进行评价，梳理总结出存在的问题，并依此提出下一年度的工作目标、工作思路和关键举措。资产管理各业务诊断分析的分工如表6.2所示。

表6.2　资产管理业务诊断分析表

序号	部门	诊断业务	备注
1	发展部	企业发展规划、电网规划、项目前期、投资管理、综合计划	
2	财务部	预算成本、会计核算、资金管理、资产产权管理、工程财务管理、风险内控管理、价格管理	
3	安监部	应急管理、安全监察管理	

续表

序号	部门	诊断业务	备注
4	设备部	技改大修实施计划、运维管理、检修抢修、技改大修实施、竣工验收、状态评价、退出执行计划、资产退出、检修计划、运维计划、实施计划统筹、质量监督管理	
5	营销部	业扩计划、业扩受理、计量设备管理、客户报修	
6	科技部	技术标准、技术创新	
7	建设部	工程前期、工程建设计划、工程建设	
8	物资部	物资计划管理、物资采购管理、仓储配送管理、废旧物资管理、应急物资管理	
9	宣传部	品牌建设管理、新闻管理	
10	审计部	生产经营审计、投资基建审计、综合审计	
11	经法部	法律事务、规章制度管理、合规性评价	
12	人力资源部	劳动组织管理、干部员工管理、绩效管理、人才开发培训管理、绩效评价	
13	调控中心	调度计划、设备监控管理、调控运行管理、继电保护管理、自动化管理、通信管理	
14	互联网部	监测管理、信息管理、信息体系	
15	企协分会	管理创新、审核	
16	办公室	档案管理	
17	资产管理办公室	策略目标管理、资产管理体系改进计划、管理评审	包含在体系现状评价报告中

各业务诊断分析报告重点分析内容如表6.3所示。

表6.3　各业务诊断分析重点

序号	业务诊断分析报告	重点分析要求
1	经法部业务诊断分析报告； 互联网部外部环境分析报告	相关政策、法律、法规的要求及变化
2	发展部业务诊断分析报告； 电网发展诊断分析报告	内外部相关需求及外部形势的变化
3	人资部、物资部、财务部业务诊断分析报告	公司整体资源水平的满足情况
4	经法部、科技部、企协分会的业务诊断分析报告	国网公司、省公司制度和标准要求及变化

续表

序号	业务诊断分析报告	重点分析要求
5	设备部业务诊断分析报告； 电网实物资产年度分析评价报告	资产和资产集的状态及绩效、资产质量分析评价、设备运行可靠率
6	企协分会年度对标评价分析报告； 人资部业绩考核指标完成情况及分析报告； 发展部综合计划执行情况报告	资产管理绩效
7	财务部业务诊断分析报告	已识别的风险分析
8	电网发展诊断分析报告	绿色环保、低碳及可持续发展要求
9	安监部业务诊断分析报告； 安全生产工作报告	应急管理水平诊断、优质服务整体评价。

③ 资产管理体系现状评价。资产管理体系现状评价是针对体系上年度开展的工作情况进行诊断分析。资产管理体系现状评价的主要内容为体系常态化工作和重点课题的开展情况，以及下一步工作的思路等。

3. 现状评价工作流程

(1) 资产现状评价

在每年的1月初，市公司(包括检修公司)组织县公司填报《电网实物资产分析评价数据收集表》(运检部每年结合实际情况下发)，汇总后结合所辖资产情况，形成市公司《资产及资产管理现状评价报告》，经分管领导审批后，1月底前提交省公司；省公司汇总市公司(检修公司)上报数据，结合所辖资产情况，2月底前形成公司总体《电网资产及资产管理现状评价报告》，经公司分管领导审批后，由资产管理办公室以邮件或公文等形式发布至发展、建设、物资、财务、调控、营销等相关部门。资产现状评价的数据以上年度数据为准，主要来源于PMS、ERP、OMS、TMS、IMS等信息系统，数据应适宜、充分、准确。

(2) 资产管理现状评价

① 电网发展诊断分析在每年3月份启动，市公司组织各部门、县公司，编写形成《电网发展诊断分析报告》，5月份完成，经本单位分管领导审批后，上报省公司；省公司汇总各市公司报告，9月份形成公司《电网发展诊断分析报告》，经分管领导审批后，上报国网公司，并抄送资产管理办公室。

② 资产管理各业务诊断分析在1月初，县公司组织开展业务诊断分析工

作，形成县级公司年度工作报告，经主要领导审批后，上报市公司；1月底，市公司组织开展业务诊断分析工作，形成市级公司年度工作报告，经主要领导审批后，上报省公司；2月份，省公司组织开展业务诊断分析工作，形成省公司年度工作报告，经主要领导审批后，上报国网公司。各层级重点年度工作报告应通过内部网站或有效途径发布。

③ 资产管理体系现状评价，由资产管理办公室组织，在每年的12月份开展。县、市（含直属单位）、省公司逐级开展体系现状评价工作，最终形成公司《资产管理体系年度工作总结》，经公司分管领导审批后，以公文形式在公司范围内发布，为制订下一年度体系工作计划提供支撑。

6.2 目　标

1. 资产管理目标

通过目标管理方法，制订明确、可衡量的资产管理远期、近期目标，并按照纵向承接、逐级分解的方法明确各项资产管理活动的执行目标。

承接国家电网公司战略目标及利益相关方需求，依据现状分析评价、资产管理特性及运作特点、资源水平、内外部环境、风险等，构建本部门资产管理总体目标、绩效目标，以指导资产管理各层级目标的建立。

2. 资产管理目标要求及内容

资产管理目标可分为资产管理总体目标和年度业务执行目标。资产管理总体目标是公司层级的资产管理目标，需要承接国网公司和公司发展战略，为中远期目标；年度业务执行目标需要各部门、各基层单位根据实际管理需求，基于资产管理总体目标，综合考虑资源配置、时间节点、风险、资产重要度、实际执行情况等具体要求，制订、调整资产管理执行目标。

3. 资产管理目标工作流程

（1）总体目标管理

公司资产管理办公室是资产管理总体目标的归口管理部门，资产管理相关业务部门负责配合开展总体目标的制（修）订、发布和执行。资产管理总体目标管理流程包括制（修）订、审批发布、分解执行3个过程。

① 总体目标的制（修）订。资产管理办公室应基于公司发展战略，组织

制订资产管理总体目标,依据公司发展战略的调整,每5年对总体目标进行同步修编;当资产规模、业务活动、法律法规、外部监管规定等内外部环境发生重大变化时,资产管理办公室组织对总体目标进行动态修编,保障总体目标可实现。

② 总体目标的审批及发布。资产管理办公室组织各部门对资产管理总体目标进行评审。评审通过后,经资产管理委员会审批后发布,各市公司(含直属单位)、县公司承接上级单位的总体目标并执行。

(2) 执行目标管理

公司发展部是资产管理执行目标的归口管理部门。执行目标的管理包括目标的制订、目标的分解、目标的管控。

① 目标的制订。每年2月份,发展部牵头基于资产管理现状评价结果,充分考虑法律法规、外部监管规定及相关要求,结合上一年度的资产规模、业务活动及目标完成情况,组织制订公司执行目标。

执行目标应与同业对标、企业负责人业绩考核指标相符,原则上以具体的数据形式体现,满足安全、效能、成本综合最优要求,公司运营监测部门对目标的完成情况进行监测。

② 目标的分解

a. 一级分解。每年2月份,公司本部各部门根据公司执行目标,依据《企业负责人业绩考核指标体系》《省公司内部对标指标体系》和综合计划,细化分解形成与部门资产规模和人财物资源相适应的部门资产管理执行目标,执行目标编制周期为1周,同时以通知等形式发布。各部门指导各层级单位对口部门进行进一步分解。

b .二级分解。每年2月份,各市公司及直属单位各部门依据公司本部对口职能部门下发的执行目标,按照横向协同、纵向承接关系,依据《企业负责人业绩考核指标体系》《大型供电企业内部对标指标体系》《省级专业机构内部对标指标体系》《市供电公司同业对标指标体系》和综合计划,进一步细化本单位本部门各级目标,形成与本单位资产规模和人财物资源相适应的本单位本部门资产管理目标。市公司及直属单位目标编制周期为1周,同时以通知等形式发布。

c. 三级分解。每年2月份,各县公司及市属单位各部门依据市公司本部对口职能部门下发的执行目标,按照横向协同、纵向承接关系,依据《企业负责人业绩考核指标》《县供电公司同业对标指标体系》和综合计划，进一步细化本单位本部门各级目标，形成与本单位资产规模和人财物资源相适应的本单位本部门资产管理目标。县公司及市属单位目标编制周期为1周，同时以通知等形式发布。

d. 四级分解。每年2月份，各基层班组依据上级单位下发的执行目标，进一步细化至各级岗位，确保各执行目标有具体的责任岗位和责任人。

指标横向协同方面，主要为资产管理绩效指标的牵头管理以及涉及相关部门数据的反馈或辅助分析。在将各项指标纵向分解到各部门（各业务）基础上，为规范管理，可根据实际情况由指标牵头部门对指标进行统一管理，相关部门对需要本部门协同处理的指标数据应确保数据准确，反馈处理及时。

③ 目标的管控

各层级目标由目标责任人进行管控，每月结合同业对标、企业负责人业绩考核指标及综合计划等分析工作，对资产管理目标的完成情况进行全面管控。

6.3 策　　略

1. 资产管理策略

策略是以公司战略规划和资产管理总体目标为基础，针对资产管理活动编制的一系列的管理原则、技术策略、配置标准和规范等纲领性文件，是制订资产管理计划的基础。

2. 资产管理策略要求及内容

公司发展部是资产管理策略的归口管理部门，其中总体策略由资产管理办公室组织编制，资产管理相关业务部门负责配合开展策略的修订、发布和执行。

策略（框架）承载的内容包括制度标准和记录等，用以确保资产管理目标的实现。在策略修编开展前要求已经完成现状评价工作，遇到资产及资产集发生重大变化时按需开展策略修编工作。

资产管理策略可分为规划计划阶段、采购建设阶段、运维检修阶段、退役处置阶段各环节。落实提质增效工作要求，以实现资产安全、效能、成本综合最优为目标，明确“投入精准、质量提升、风险受控、绩效突出、体系完善”的资产管理政策，编制电网规划、投资管理、物资采购、工程建设、运维检修、退役报废等业务策略，并保证各项业务策略方向一致、相互协调、管理闭环，形成资产全寿命周期管理整体策略。

3. 资产管理策略工作流程

资产管理策略修编周期一般为1年，在每年的3月份开始进行。资产管理策略是公司战略目标实现的重要措施，以资产在电网规划、物资建设、运维检修、退役报废全过程管理活动为主线，承接国网战略目标、公司目标及各环节目标，形成与公司战略相一致的策略文件，为资产管理各项工作提供方向和指导。

① 规划计划阶段。聚焦电网设备发展质量和效率效益，认真谋划"十四五"电网发展，强化精准投资管控，着力补齐电网规划和设备选型短板、保障供应、提质增效，为建设一流能源互联网企业奠定更加坚实的电网基础。

② 采购建设阶段。以高效满足物资需求为重点，构建具备"四化"特征的现代智慧供应链体系，围绕智能采购，持续提升采购设备质量，为公司设备高质量发展提供坚强物力支撑。打造精品工程、样板工程，实现基建工程质量零缺陷，确保高质量建设电网，安全优质地完成年度建设任务。

③ 运维检修阶段。坚持安全发展理念，落实设备管理责任，推进管理变革和技术创新，推进设备管理"三化"(标准化、精益化、智能化)，"三全"(全寿命资产管理、全过程技术监督、全面质量管理)，提升设备管理质效，为公司高质量发展提供安全保障。

④ 退役处置阶段。加强设备退役报废管理，规范开展报废技术鉴定，推进再利用工作，加强备品备件合理配置与消耗闭环管理，提升设备利用效率效益，实现"用好"设备。推进资产后评价工作，预测公司未来的经营风险和财务压力，提前预警，为公司安全运行提供保障。

6.4 计　划

1. 资产管理计划

指导资产管理计划的编制、修订、平衡排序、监督执行等管理活动，确保资产管理策略的落实、资产管理目标的实现。

2. 资产管理计划要求及内容

公司发展部是资产管理计划的归口管理部门，资产管理其他相关业务部门负责配合开展。在计划修编开展前要求已经完成目标和策略的修编工作。资产管理计划包含资产管理中长期计划、各专业年度资产管理计划（含体系改进计划）、实施计划。

3. 资产管理计划工作流程

资产管理计划修编周期一般为1年，遇到资产及资产集发生重大变化时按需开展计划修编工作。

（1）中长期计划编制

公司本部、市公司（直属单位）、县公司发展部组织编制本单位资产管理中长期计划，下级单位资产管理中长期计划应与上级单位保持承接性；资产管理中长期计划以各专业的"十四五"规划形式体现，编制周期为5年，每年或不定期滚动修编。各专业中长期计划分工如下：

发展部：规划期开始年3月底前，发展部根据总部要求，参照总部规划编制流程，编制完成本单位公司总体规划（草案）和本部门专项规划（草案），上报公司总部；5月底前，发展部参照总部印发评审意见，将修改完善后的规划上报总部备案。

各业务部门：规划期开始年3月底前，各部门根据总部要求，参照总部规划编制流程，编制完成本部门专项规划（草案），上报公司总部；5月底前，各部门参照总部印发评审意见，将修改完善后的规划上报总部备案。

（2）年度计划编制

发展部：发展部编制年度综合计划、年度零购计划，组织编制（修订）年度基建投资计划，纳入年度综合计划。

人资部：人资部编制年度人力资源计划。

财务部：财务部编制年度财务预算计划，根据综合计划编制公司年度固定资产报废计划。

设备部：设备部编制年度技改投资计划、年度大修投资计划、年度运维检修计划纳入年度综合计划，编制年度设备资产退出计划。

建设部：建设部编制年度基建进度计划。

营销部：营销部编制年度营销投入计划，纳入年度综合计划。

物资部：物资部根据项目管理单位物资提报计划编制具体批次采购

计划。

调控中心:调控中心确定年度电网运行方式;基层单位配合编制各项计划。

安监部:组织管理评审活动,召开管理评审会议。

(3) 实施计划

财务部:编制资金计划。

设备部:编制生产计划,包括技改大修类项目进度计划、运维和退役计划。

建设部:编制基建类项目进度计划和设备退役计划。

营销部:编制营销类项目进度计划。

物资部:编制物资采购计划。

调控中心:编制停电计划。

6.5 过程管控

1. 资产管理过程管控

通过建立、实施和完善制度及流程,规范管控,达到资产从规划计划、采购建设、运维检修直到退役处置各阶段资产管理计划高效且经济地执行。各层级依据相应层级的资产管理目标、策略和计划开展资产管理活动,并对所有资产管理活动进行过程管控。

2. 过程管控要求及内容

过程管控包括规划计划、采购建设、运维检修和退役处置4个阶段。公司各层级资产管理过程管控要求:

① 按照资产管理体系规定进行,包括体系文件、标准制度、目标策略、计划等。

② 保证资产在全寿命周期管理的各阶段的成本、风险和绩效得到监控。

③ 落实安全、质量、进度、成本、技术、风险以及相关信息等资产管理的各项要求。

④ 按规定对过程活动进行记录并保存,确保记录满足管控要求。

⑤ 综合考虑人、财、物等资源配置,并根据内外部环境、资源等因素变化进行调整,以确保目标、策略和计划一致。

3. 过程管控工作流程

规范资产全寿命周期各环节关键业务，实现“大规划”“大建设”“大运行”“大检修”“大营销”以及“人力集约化”“物力集约化”“财力集约化”有机融合和高度协同。公司重点加强执行计划的协同、跨部门的流程衔接点管理、风险管理及安全、效能、成本的综合平衡，通过定期的检查及分析，找出并持续改进业务过程中的薄弱点，优化管控机制及方法，确保资产全过程管理工作的质量、效率和效益。

6.6 状态监测

1. 资产管理状态监测

状态监测应以收集的设备状态信息为依据，通过持续开展设备状态跟踪监视和趋势分析，综合专业巡视、带电检测、在线监测、例行试验、诊断性试验等各种技术手段，以准确掌握设备运行状态，是编制或修订检修策略的基础，是改善资产安全、效能和周期成本的重要手段。

2. 状态监测要求及内容

状态监测由公司设备部归口管理，分为实时监测、定期监测、不定期监测。公司资产、资产集状态监测的管理要求包括：

① 综合考虑资产、资产集的监管成本、故障或风险程度，根据不同业务需要确定状态监测类型范围以及监测指标、频率。

② 监测数据来源于本部门负责的设备资产运行信息、根据实际业务情况采用相应的数据收集、统计分析方法，以满足定性和定量的分析需求。

③ 各部门按业务要求收集记录相应的状态监测信息，并确保状态监测信息的正确性、完整性和严谨性。

④ 各部门按照所辖资产设备，开展状态监测，根据设备状态监测周期，定期编写状态监测报告，上报实物资产归口管理部门，并经分管领导审批后，通过公文形式在公司范围内发布。

3. 状态监测工作流程

监测过程分为设备信息收集、监测评价、分析改进3个过程。其框架如图6.2所示。

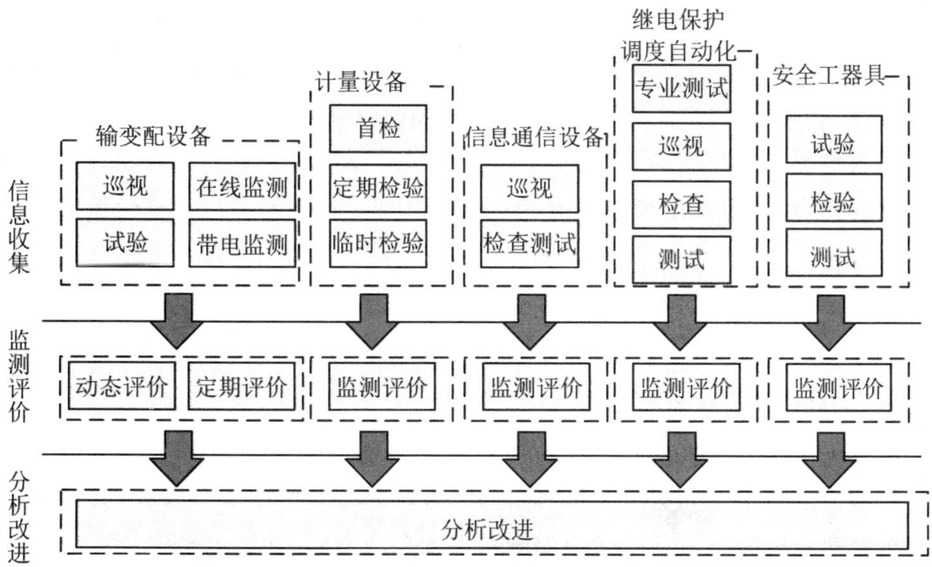

图6.2　状态监测框架图

（1）信息收集

由公司本部及市公司运检部门组织，调控中心、营销部等实物资产管理部门配合，逐级开展各类实物资产的状态数据收集工作。

运检部：收集管理输、变、配设备状态信息（包括投运前、运行、检修试验、家族缺陷等4类信息）和编制数据格式的标准。

调控中心：收集自动化设备、检验（状态检修）以及设备定级等信息；收集通信设备定期测试、校验等状态评估信息。

营销部：收集电能计量装置定期测试、校验等状态评估信息。

安监部：收集电力安全工器具状态信息。

（2）监测及评价

由公司本部及市公司运检部组织，调控中心等实物资产管理部门配合，逐级对各类实物资产的状态数据进行分析评价。

运检部：通过对输、变、配设备特征参量收集、分析，确定设备状态和发展趋势，按照设备状态评价实行动态管理；完成公司《电网设备状态评价工作报告》，经分管领导审批后发布。

调控中心：组织开展年度自动化设备评估。定期开展电力二次系统安全检查工作，形成《继电保护设备分析报告》《调度自动化系统和设备分析评估报告》,经分管领导审批后发布;通过对通信设备特征参量收集、分析,确定设备状态和发展趋势,按照设备状态评价实行动态管理。编制《电力通信设备运行统计分析评价报告》,经分管领导审批后发布。

营销部:通过对公司电能计量装置特征参量的收集、分析,确定设备状态和发展趋势,按照设备状态评价实行动态管理。执行对关口计量装置的现场检测分析。

安监部:组织各基层单位对安全工器具进行定期、不定期的安全检查并按照校验周期送专业检测单位或者国家认可的第三方机构进行校准和试验,粘贴合格证,并留存过程记录。

(3) 分析及改进

由公司本部及市公司运检部组织,调控中心等实物资产管理部门配合,逐级对状态监测中发现的问题编制纠正和预防措施,并完成实施。

运检部:分析所辖设备状态评价结果及设备绩效数据检测结果,并在设备状态评价分析报告中对状态监测成效进行评估,编制纠正和预防措施,形成改进计划。

调控中心:以自动化设备校验或设备定级等状态评估工作中暴露出的问题为导向,综合采取反事故技术措施、设备升级改造等手段实现对继电保护设备状态评估的全面分析与持续改进。对电力二次系统安全检查、评估中发现的问题,编制整改方案。分析所辖设备状态评价结果及设备绩效数据检测结果,并制订改进计划。组织信息设备状态检修工作质量进行评估,评价结果纳入生产管理绩效考核。

营销部:分析所辖设备状态评价结果及设备绩效数据检测结果,并在设备状态评价分析报告中对状态监测成效进行评估,编制纠正和预防措施,形成改进计划。

安监部:监督各单位停用不能继续使用的安全工器具,更换合格的安全工器具,并在一周内提出报废处置需求,经审核批准后交由物资部门集中报废处置。

6.7 绩效监测

1. 资产管理绩效监测

资产管理绩效监测是为保障资产管理工作顺利开展而建立的管理体系，支撑资产管理总体目标、策略、计划的制订及实施，以保障资产管理总体目标的实现。

2. 绩效监测要求及内容

① 过程监测：对重要流程节点执行情况的监测。

② 结果监测：对资产管理阶段性结果的监测。

③ 主动监测：对计划安排和计划的实施进行定期监测，保障与资产管理体系要求的一致性。

④ 被动监测：由一系列结构化响应组成，这些响应是根据资产管理体系、资产或资产集的缺陷或者故障迹象做出的。

3. 绩效监测工作流程

资产管理绩效监测包括绩效指标的修订发布、绩效指标监测、绩效改进。

(1) 绩效指标修订发布

公司梳理并构建覆盖51条专业流程的资产全寿命周期管理端到端流程绩效指标监测体系，根据“标准、制度、职责”设定监控规则、阈值，及时判断指标运行的异常情况，为改进绩效短板、提升流程效率、发挥纠偏预警作用提供参考。

由公司互联网部组织，各部门、市公司配合，每年1月份，参考上一年度资产管理绩效监测效果，对资产管理绩效监测指标体系进行修订完善，并经资产管理委员会审批后开展绩效指标监测工作。

在修订绩效监测指标时，应确定指标监测方式、监测频率、数据来源、采集方法、统计分析要求等。

(2) 绩效指标监测

由省公司本部、市公司互联网部利用运营监测支撑系统平台对资产管理绩效指标进行在线监测，每月15日前形成资产管理绩效监测分析报告，经分管领导审批后在公司范围内发布。

绩效监测分析报告从S(安全)、E(效能)、C(成本)三方面，对资产管理关键指标和关键业务进行同比和环比分析;根据预先定义的监测阈值和标准,发现资产管理活动中存在的问题,并对问题进行成因分析。

由省公司本部、市公司互联网部组织,对资产管理过程中的各类问题(异动),根据《国家电网公司运营监测(控)工作管理办法》中的异动处理原则,以派发协同工作联系单形式,组织协同相关业务部门处理,并对处理过程进行管控。

(3) 绩效改进

由互联网部组织、各部门配合,每年11月份,对本年度绩效监测工作的有效性进行评估,针对绩效监测方式和监测结果进行分析,提出改进意见,形成《体系绩效评价报告》,作为管理评审的输入材料。经过批准后的改进建议,纳入下一年度的体系改进计划,并作为绩效指标体系的优化依据。

6.8 事件管理

1. 资产管理事件

资产管理事件主要指安全事故(事件)和质量事件,指导各层级开展事件管理工作,对资产管理事件开展调查、分析、整改,以缓解其导致的后果。

2. 事件管理要求及内容

公司建立事件调查机制,对资产管理活动中出现的不符合项所造成有严重后果的事件及故障、事故(事件)进行及时纠正和详细调查,通过调查分析事件发生的根本原因、剖析事件所暴露的问题,编制并落实预防及控制措施,消除引发异常情况的根源。公司事件及不符合项的调查要求包括:

① 编制明确事件等级及其调查、评估、处理的相应职责、权限。

② 建立事故应急响应机制;组织企业内、外部力量迅速采取措施,以最大限度缓解相关事件引发的不利影响。

③ 建立不符合项所造成有严重后果的事件及故障、事故的调查内容和流程,包括组织调查团队、确定调查范围和方法、调查执行和总结汇报等关键环节。

④ 根据调查结论确认引发相关事件的根本原因,组织相关方编制纠正和预防措施,以避免类似情况再次发生,并在一定周期内对纠正和预防措施

落实情况进行监督,对其必要性及有效性展开评估。

3. 事件管理工作流程

事件管理主要包括即时报告、采取应急措施、调查分析、编制调查报告、编制纠正和预防措施5个过程。

(1) 即时报告

安全事件即时报告、质量事件即时报告。① 事件发生后,事件现场有关人员应当立即向本单位现场负责人报告。现场负责人接到报告后,应立即向本单位负责人报告。情况紧急时,事件现场有关人员可以直接向本单位负责人报告。② 接到质量事件报告后,应当依照规定立即上报事件情况。③ 五级以上安全事故、六级以上质量事件均应在24小时内以书面形式上报事件简况。

(2) 采取应急措施

各部门、单位发生事件后,应按照《突发事件总体应急预案》及相关专项应急预案,根据事件性质、级别,按照"分级响应"要求,公司本部、市公司及直属单位分别启动相应级别应急响应措施,采取故障设备设施隔离、现场保护、启动应急预案等措施,避免事件进一步扩大或升级。

(3) 调查分析

组织人员收集原始资料,编写故障原因初步分析报告,必要时组织、派员参加或授权有关单位调查,必要时组织召开事件分析会,编写事故(事件)调查报告书,分析事件原因。

(4) 编制调查报告

事件调查组按照《国家电网公司安全事故调查规程》《国家电网公司质量事件调查处理暂行办法》的要求,组织编写事件调查报告,提交安全生产委员会审批。

(5) 编制订纠正和预防措施

各部门、单位根据事故发生、扩大的原因和责任分析,提出防止同类事故发生、扩大的组织(管理)措施和技术措施,在责任确定后,要根据有关规定提出对责任人员的处理意见,并组织实施;各部门、单位根据事件调查报告,编制事件纠正和预防措施,公司安监部对纠正和预防措施的必要性及有效性进行评估,报送资产管理委员会进行审批。资产管理委员会审批后由安监部组织事发单位实施,跟踪事态发展及措施执行情况,做好相关协调工作。

6.9 审　核

1. 资产管理审核

通过对资产管理体系进行定期审核，验证其运行的有效性和符合性。资产管理审核周期一般为1年1次，在每年的9月份开始，遇到资产及资产集发生重大变化时按需开展审核工作。

2. 资产管理审核要求及内容

审核工作参照国网体系“三位一体”评价标准及年度方案计划，覆盖资产管理体系核心要求及成果，涵盖资产管理现状评价、目标、体系运行计划及执行情况、问题整改情况、实物“ID”建设应用、关键业务环节协同管控、监测改进、管理绩效、基础支撑等管理要素，并对其进行审核评价。公司资产管理审核的要求包括：

① 基于资产管理业务活动及国网公司资产管理体系要求，编制审核方案。

② 按照审核方案开展资产管理体系审核活动，并做好过程记录。

③ 通过国网公司或公司内部培训并具有相应资质和能力的内审员参与审核，同时确保审核过程的客观公正。

④ 对资产管理体系全部内容开展审核，关注资产管理目标、策略及执行的一致性，法律法规符合性，措施有效性等。

⑤ 对审核中发现的不符合项编制不符合项报告，由各部门提出纠正与预防措施，审计部负责跟进不符合项的整改情况，并验证其有效性。

⑥ 审计部负责编制审核报告，记录审核结果，及时向资产管理办公室报告。

3. 资产管理审核工作流程

资产管理体系审核流程主要包括方案编制及审批、审核准备、审核实施、审核报告管理、纠正和预防管理，资料归档6个过程。

(1) 方案编制与审批

① 编制审核方案。审核工作归口部门根据“资产全寿命周期管理体系年度工作计划”总体安排，基于上年度资产管理活动的风险评价情况及前期审核结果，于4～8月份组织编制“资产管理体系审核工作方案”，并按回避原

则进行任务分工。审核范围覆盖资产全寿命周期管理体系各项要求，关注资产管理目标、策略及执行的一致性，过程管控规范性，评价、改进有效性，组织、协同高效性，法律、制度符合性等，受审核部门包括公司本部及基层单位各部门。

② 审批审核方案。公司本部企协分会将审核方案报资产管理委员会批准。

③ 下发审核通知单。公司本部企协分会、市公司及直属单位审核归口部门提前7天向资产管理委员会和受审核方发送审核通知单。

（2）审核准备

① 审核员选拔及培训。由公司企协分会组织，每年4月份起，在全公司范围内选拔审核员，建立公司统一审核员队伍并开展培训，审核员的经验要求是：了解工作任务、内容及要求，经资产管理体系审核员课程培训，考试合格；有5年及以上专业管理岗位工作经历；熟悉公司资产管理体系业务及相关制度、规范；熟悉所承担的审核任务涉及的专业知识。

② 成立审核组。省、市公司分别成立审核工作组，审核工作组结合体系审核工作方案，制订体系审核工作执行计划。

③ 准备审核资料。审核组根据“资产管理体系审核工作方案”组织审核员编制“资产管理体系审核检查表”。受审核方整理受审所需的证据性资料。

（3）审核实施

① 召开首次会议。公司本部企协分会、市公司及直属单位审核归口部门主持召开首次会议，领导组成员、审核组成员及受审核方负责人参加。首次会议主要内容包括介绍审核组成员及分工；明确审核的目的、范围、依据和审核的时间安排；介绍实施审核的方法、程序和工作纪律；澄清审核计划中不明确的内容；确定末次会议的时间、地点和出席人。

② 现场审核。审核员依据审核方案、计划及“资产管理体系审核检查表”开展审核工作。对受审核方开展材料评价、员工访谈、资产信息验证、现场验证，进行追溯，查阅相关证据的完整性、准确性，记录检查结果，确定不符合项。

③ 召开末次会议。审核全部结束后，由公司本部企协分会、市公司及直属单位审核归口部门主持召开末次会议，出席范围与首次会议相同。审核组

组长公布资产管理体系审核报告初稿，主要包括查出的不符合项及审核结论，纠正和预防措施及后续工作的要求。公司本部企协分会、市公司及直属单位审核归口部门将不符合项报告登记发送至相关受审核方。

（4）审核报告管理

① 编制审核报告。审核结束一周内，审核组完善"资产管理体系审核报告"终稿。

② 审批审核报告。公司本部企协分会、市公司及直属单位审核归口部门将审核报告提交资产管理委员会审批。

③ 审核报告发布。经资产管理委员会审批通过后的审核报告发布至各资产管理相关部门和各基层单位。

（5）纠正和预防措施管理

① 编制纠正和预防措施。审核中发现的不符合项，由受审核方在末次会议结束后的10个工作日内提出《纠正和预防措施实施计划》，报给公司本部企协分会、市公司及直属单位审核归口部门。公司本部企协分会、市公司及直属单位审核归口部门建立和保存资产管理体系，审核"不符合项纠正和预防措施状态控制表"。

② 纠正和预防措施实施。受审核方实施不符合项纠正措施，确保在纠正时限内完成整改，并向公司本部企协分会、市公司及直属单位审核归口部门反馈实施效果。若在期限内无法完成整改，需及时向审核组组长解释，由审核组组长判断是否延长整改期限。若同意，按调整后的计划执行，并及时向公司本部企协分会、市公司及直属单位审核归口部门备案。

③ 纠正和预防措施验证。公司本部企协分会、市公司及直属单位审核归口部门组织原审核组人员对纠正措施实施结果的有效性进行验证，遇特殊情况由公司本部企协分会、市公司及直属单位审核归口部门指定其他审核员实施验证。纠正措施有效性的验证结果由验证人员填写在"资产管理体系审核不符合项纠正措施状态控制表"相应的栏目中。

（6）资料归档

公司本部企协分会、市公司及直属单位对每次审核资料进行汇总整理，并归档，最终成果提交资产管理办公室。

6.10 合规性评价

1. 资产管理合规性评价

合规性评价是通过对企业遵循法律法规、外部监管规定及企业相关规定进行评价，评价范围覆盖资产管理各项业务，发现不足并进行整改，以保证资产管理各项业务符合法律法规及相关要求。

2. 资产管理合规性评价要求及内容

合规性评价工作应包括资产管理业务常态化合规性评价和体系定期合规性评价，对于发现的不合规项要及时进行整改，对合规性评价结果进行归档，并对整改落实情况进行核查，作为管理评审的关键输入。

合规性评价工作包括业务活动常态化合规性评价和资产管理体系定期合规性评价。

3. 资产管理合规性评价工作流程

业务常态化合规性评价是在资产管理日常业务中开展的局部性合规性评价；资产管理体系定期合规性评价是依据体系规范相关要求，定期开展的全面性合规性评价，评价周期一般为一年，在每年的7～8月份进行，在合规性评价开展前要求已经完成法律法规的识别更新工作，当资产管理体系发生重大变化等特殊情况时，按需开展合规性评价工作。

（1）业务常态化合规性评价

由资产管理办公室组织，设备部、经法部、物资部、安监部等配合，在资产管理日常业务中开展业务合规性评价。

经法部。法律风险管理：完善依法治理机制，落实法律风险管理规定，通过机制、流程的构建，实现法律风险控制的规范化管理。运用法律风险提示书等方式进行法律风险预警以及提出防范控制措施，对生产、经营、管理中存在的突出法律风险问题开展管控治理，建设法律风险库，最终实现对生产经营中的法律风险进行有效管控。

审计部。营销管理审计：审计部门依据国家法律法规及公司有关规定，对电力营销管理业务的真实性、合规性和效益性所进行的审计监督和评价活动。工程项目审计：审计部门依据国家有关政策法规和公司有关规定，对工程项目的真实性、合规性和效益性进行审计监督、评价和建议活动。财务收支审计:审计部门依据国家法律法规和公司有关规定,对资产、负债、所有者权益、损益的真实性、合规性和效益性进行的审计监督和评价活动。

财务部。财务稽核管理:以国家法律法规、企业会计准则、企业内部控制相关规范以及公司规章制度等为依据,对公司及所属单位财务收支的合法性和合规性、财务信息的真实性和完整性、经营活动的效率和效果、内部控制的合理性和有效性等实施的财务监督和检查。

安监部。安全监察管理:安监部门牵头组织春季安全大检查、迎峰度夏、秋季安全大检查等各类检查活动,确保电网建设、运行、检修等工作合法合规。

物资部。物资监察管理:物资部门监督检查本单位贯彻执行涉及物资管理有关的国家法律法规、公司规章制度的情况。

建设部。电网建设管理:贯彻落实国家有关安全生产的法律、法规、标准,以及公司基建安全管理要求,健全基建安全管理台账。开展基建安全风险管理,监督、检查工程项目关键工序及危险作业风险识别、评估、预控措施和应急管理等工作落实情况。

(2) 体系定期合规性评价

由公司本部、市(直属单位)经法部组织,每年7月份起,有序开展体系定期合规性评价,要求在合规性评价开展前完成法律法规的识别更新工作。体系定期合规性评价包括评价准备、评价实施、评价总结、评价改进4个步骤。

① 评价准备

公司本部成立合规性评价领导小组,下设省、市、县三级合规性评价工作组,对评价工作组成员进行业务培训。

经法部每年6月份前编制“资产全寿命周期管理体系合规性评价方案”,每年6月底前评价工作组制订公司资产管理体系合规性评价执行计划。

② 评价实施

公司本部经法部每年7～8月组织各部门、单位开展合规性评价工作,下发合规性评价通知,召开省、市、县电视电话工作会议,介绍合规性评价工作总体安排、开展流程,会后各市公司(直属单位)制订本单位及所属县公司合规性评价工作执行计划。首次会议需省、市、县公司领导组成员、各部门代表及评价组成员参加。

受评价方在评价工作组指导下参照《资产管理相关法律法规和其他要求一览表》和《现行有效制度清单》开展业务合法、合规性自查工作,对自查发现的不合规项填写《不合规项自评报告表》，并报合规性评价工作组。

自评工作完成后，评价工作组审核合规性自查工作记录，选取本单位3～4个部门及所属下级单位2～3家开展现场业务验证及重点业务评价工作，做好现场检查记录并填写《合规性评价检查表》。

③ 评价总结

自评及现场检查工作结束后，各市（直属单位）、县公司评价工作组根据受评价方自评及工作组检查结果，组织完成市（直属单位）、县公司《合规性评价报告》。

省公司评价工作组综合各部门合规性自查、检查记录及各市公司（直属单位）合规性评价报告，整理完成省公司《合规性评价总报告》。

公司市（直属单位）、省公司按时间依次召开合规性评价末次会议，系统沟通合规性评价工作开展情况、发现问题，领导组成员、评价工作组、受评价方相关人员参加。

公司本部、市（直属单位）资产管理委员会审批并发布合规性评价报告，市（直属单位）资产管理委员会将发布的合规性评价报告报送公司本部资产管理办公室。

公司本部、市公司（直属单位）资产管理办公室对合规性评价结果进行正式记录并归档，作为管理评审的输入。

④ 评价改进

受评价方根据合规性评价报告，制订、执行纠正和预防措施实施计划，形成“不符合项纠正和预防措施状态控制表”，并报送公司本部、市（直属单位）经法部门监督执行。

6.11 纠正和预防

1. 纠正和预防

纠正预防管理活动主要包含识别不符合项和潜在不符合项、分析原因、编制措施、实施和评估等过程。针对资产管理活动中发生或潜在的不符合项，编制和实施纠正和预防措施，确保资产管理体系运转的有效性。

2. 纠正和预防要求及内容

公司根据已识别的不符合项、事故事件的根本原因，结合风险管理采取相应的纠正和预防措施，确保对不符合项采取纠正措施后，避免再次发生，对潜在不符合项采取预防措施后不发生。对纠正和预防措施的实施效果进行跟踪、验证，定期分析不符合项、事故事件，并与利益相关方进行沟通，确保纠正和预防措施的有效性。公司资产管理纠正和预防的要求包括：

（1）通过体系执行过程、内审及合规性评价等活动，识别、收集不符合项，并对不符合项分析评估，编制预防措施，根据需要对资产管理体系进行调整。

（2）建立纠正和预防机制，明确执行纠正和预防措施的人员及其职责、流程等。

（3）当实施纠正和预防措施可能导致新的风险或流程改变时，在采取措施前进行风险评估，根据风险评估结果决定采取正确的纠正和预防措施。

（4）及时评估资产管理调查和报告的有效性，评估结果要求定量、定性，评估报告作为纠正和预防措施编制的依据。

（5）将不符合项分等级，优先处理严重的不符合项，并将短期和长期的纠正措施相结合，避免不符合项再次发生。

（6）建立实施效果的分析评估方法，对纠正预防过程进行评估分析及持续完善，并及时与相关方沟通纠正和预防措施的执行情况。

（7）对实施纠正和预防措施的全过程，如纠正和预防方案、计划、控制措施、总结报告等进行详细记录并归档。

3. 纠正和预防工作流程

纠正预防活动主要包括识别不符合项和潜在不符合项、开展纠正或预防、纠正或措施结果验证，如图6.3所示。

（1）识别不符合项和潜在不符合项

① 不符合及潜在不符合项的信息来源包括合规性评价发现的不符合项，审核发现的不符合项，状态、绩效监测及数据分析结果，生产过程中发现的问题（缺陷）或潜在不符合项（隐患），客户和利益相关方的投诉、建议、满意度调查结果。

公司应对监测评价环节的状态监测、绩效监测、合规性评价、审核、事件等业务发现的不符合项、不合规项和安全质量事件采取纠正措施，对可能再发生的不符合项、不合规项和安全质量事件以及资产状态指标、资产绩效指标、资产管理绩效指标监测发生触发预警条件的情况采取预防措施，以降低或避免不符合项、不合规项、安全事件再次发生，保障资产状态指标、资产绩效指标达到预期。

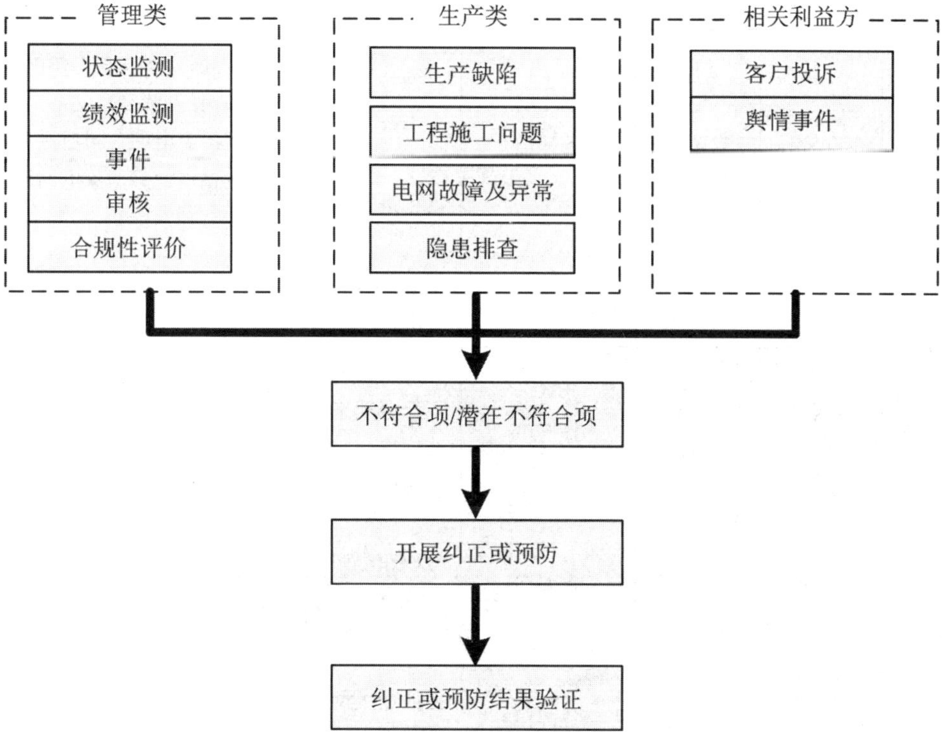

图6.3　纠正和预防框架图

② 不符合项管理各部门、单位收集到的不符合项或潜在不符合项，应告知相关责任部门或人员，并按相关的流程进行管理。如表6.4所示。

表6.4　不符合项问题对应整改表

序号	管理活动	责任部门（单位）	配合部门（单位）	处理流程	制度规范
1	状态监测	设备部	调控中心、营销部、科技部、安监部	按照“状态监测”要求进行	《国家电网公司电网设备状态检修管理规定》（国网（运检/3)298—2014）
2	绩效监测	互联网部	发展部、企协分会、人资部	按照“绩效监测”要求进行	《国家电网公司运营监测（控）工作管理办法》（国网（运监/1)558—2014(F)）

续表

序号	管理活动	责任部门（单位）	配合部门（单位）	处理流程	制度规范
3	事件管理	安监部	各部门	分别按照安全事故、质量事件相关流程进行	《国家电网公司安全工作规定》（国网（安监/2）406—2014）《国家电网公司质量监督工作规定》（国家电网企管〔2014〕748号）
4	审核	企协分会	各部门	按照“审核”要求进行	无
5	合规性评价	设备部、经法部	各部门	按照各相关不符合项来源开展纠正和预防	《国家电网公司物资管理监察办法》（国网（物资2）161—2016）
6	生产缺陷	设备部	各部门	按照相关制度执行	《国家电网公司电网设备缺陷管理规定》(国网（运检/3)297—2014)
7	隐患排查	安监部	各部门	按照相关制度执行	《国家电网公司安全隐患排查治理管理办法》(国网（安监/3)481—2014)
8	客户投诉	营销部	各部门	按照相关制度执行	《国家电网公司95598客户服务业务管理办法》（国网（营销/4)272—2016）
9	舆情事件	宣传部	各部门	按照相关制度执行	《国家电网公司新闻应急工作管理办法》(国网（外联/2)494—2014)

（2）开展纠正和预防

各资产管理相关业务部门和各单位根据已识别的不符合项，开展原因分析，分析存在的问题和不足，及时编制制纠正预防措施，明确实施内容、实施时间、实施人员、实施方法和实施过程风险管控，并对纠正预防措施进行风险评估，防止新的问题产生。

开展日常的不符合识别工作，如生产缺陷、隐患排查等；体系新增业务识别的不符合项，如合规性评价、审核等，由监测评价归口单位对发现的不符合项建立“不符合项纠正和预防措施状态控制表”，对识别出的不符合项进行闭环跟踪管控。

资产管理各业务部门、各单位按照措施计划编制相应的实施方案，在方案实施过程中进行风险识别和管控。

对不能在短期内实施的纠正措施，应采取临时措施，并加强检查，具备条件后实施长期有效措施。

在纠正和预防措施的实施过程中，及时记录有关信息。

（3）实施结果验证

措施实施结束后，监测评价归口部门对实施结果开展评估验证，并定期开展对已识别的不符合项、潜在不符合项的原因进行归类分析。

6.12 持续改进

1. 持续改进

通过识别改进机会，评估和优化实施措施，实现资产管理体系运行绩效及资产、资产集成本、风险及绩效的持续改进。

公司根据发展战略、资产及资产管理绩效指标评测的结果，以及内外部环境的要求，结合资产管理新的技术、管理方法与工具，分析评价现状，识别改进机会，明确改进目标，提出改进措施，并评估技术上的可行性和经济上的合理性，综合平衡风险、效能和成本，开展优先级排序，实施改进措施，分析、评价实施的效果，并持续改进。

2. 持续改进要求及内容

持续改进工作由公司资产管理办公室归口管理，结合企业目标、管理现状、内外部环境及资源，通过识别改进机会，评估和优化实施措施，实现资产管理体系的持续优化。公司资产管理持续改进的要求包括：

（1）结合管理现状、内外部环境及资源，对资产管理体系运行绩效及资产、资产集成本、风险及绩效开展持续改进。

（2）通过主动研究、调查、试用和评估等手段识别改进机会，寻找并获得资产管理相关新技术和实践方法，并评估其为企业带来的潜在效益。

（3）对识别的改进机会进行审核，根据重要程度排定优先级，并合理配置资源，纳入资产管理改进计划。

（4）建立周期性的资产管理持续改进机制，按照改进计划组织实施持续改进活动，并对实施的效果进行评估，对持续改进实施活动进行记录并归档。

（5）通过公司例会、公司发文等手段将持续改进成果与管理层、员工及其他相关方进行沟通，保证持续改进成果被广泛了解及应用。

（6）定期对企业外包活动情况进行统计与分析，审核外包活动的效能、风险及成本，并根据审核结果持续改进外包活动管理。

3. 持续改进工作流程

（1）识别改进机会

公司资产管理办公室组织，各部门、各单位配合，根据开展同业对标、管理创新、科技创新、班组创新、合理化建议、企业外包等活动，分析本单位、本部门资产及资产管理绩效目标的差距和不足，确定改进提升目标，从组织与职责、流程、制度保障、实施方法、技术等维度，覆盖公司资产全寿命周期管理业务和内外部利益相关方，识别达成提升目标的改进机会。

（2）改进计划编制、发布

公司本部、市公司和直属单位各业务部门每年第4季度对已识别的改进机会进行审核，根据重要程度进行优先排序，编制改进计划并提报公司本部资产管理办公室及各基层单位资产管理办公室，重大、重要层次的改进机会需要逐级上报。

公司本部、市公司和直属单位管理创新项目归口部门汇总编制管理类改进计划；公司本部、市公司和直属单位科技项目归口部门汇总编制科学技术类改进计划。

公司本部资产管理办公室、各单位持续改进归口部门结合管理评审的结果对管理类、科技类持续改进计划审核汇总，编制公司本部、市公司和直属单位年度持续改进计划，上报公司（单位）分管领导审批。

公司本部资产管理办公室、各单位持续改进归口部门发布审批后的年度“持续改进计划”。

对于可以立即执行且无需公司预算管理的改进机会，不需要纳入计划进行统一管理。

（3）组织实施

公司本部、市公司和直属单位各业务部门根据发布的年度持续改进计划明确具体实施措施，重点工作应编制相应实施方案，属于立项的项目执行相应的项目管理流程。

公司本部、市公司和直属单位各业务部门领导对重点工作实施方案进行审核。

公司本部、市公司和直属单位各业务部门按照实施措施/方案组织实施。公司本部资产管理办公室、各单位持续改进归口部门负责指导、监督和检查持续改进计划执行情况。

(4) 效果评估

公司本部、市公司和直属单位各业务部门对实施后的持续改进任务进行自评估,并报公司本部资产办、各单位持续改进归口部门。

公司本部资产办、各单位持续改进归口部门组织对年度持续改进计划的执行情况进行效果评估。

公司本部资产办、各单位持续改进归口部门根据效果评估结果编制持续改进计划执行情况报告,并上报公司(单位)分管领导审批。

公司本部资产办、各单位持续改进归口部门发布、归档审批后的年度持续改进计划执行情况报告,并作为管理评审及次年持续改进的依据之一。

(5) 固化与推广

持续改进实施活动归口部门对形成的过程记录进行归档。对于改进实施后,改进效果达到相关要求的项目,通过与各业务部门沟通后进行经验固化和成果推广,主要包括实践经验提炼汇编、宣贯指导、企业推广应用。

6.13 管理评审

通过对资产管理体系进行定期评审,确保其适用性、充分性及有效性,并评估资产管理体系调整的必要性。管理评审开展周期一般为1年,在每年的11月份开始进行,在管理评审开展前需完成合规性评价和审核工作,遇到资产及资产集发生重大变化时按需开展管理评审工作。

1. 管理评审要求及工作内容

公司管理评审由各单位资产管理委员会主持,对资产管理体系的适用性、充分性和有效性进行评审。资产管理体系所处的内、外部环境是不断变化的,需评估这些变化对目标、策略带来的影响,确保资产管理体系与内、外部环境相适应。公司体系管理评审要求包括:

(1) 资产管理办公室定期编制管理评审计划,交由本单位资产管理委员会审核,并召集资产管理各相关部门召开会议,对资产管理运行结果进行评审。

(2) 资产管理评审输入要求包括合规性评价及内部审核结果,与员工及相关方沟通、参与和协商的结果,企业资产管理绩效的记录或报告,策略、计划及目标实现的程度,事故调查、纠正和预防措施的执行情况,前期管理评审的后续活动,环境的改变情况,与资产管理相关的法律及其他相关要求的变化和技术革新。

(3) 管理评审基于持续改进的要求,进行调整的方面包括资产管理目标策略计划、资产管理绩效要求、资产管理所需资源、资产管理体系其他改进内容。

2. 管理评审工作流程

管理评审以会议形式进行,如遇特殊情况可适当增加评审次数。管理评审工作包括管理评审准备、管理评审实施、持续改进3个过程。

(1) 管理评审准备

根据公司本部资产管理委员会的指示,在管理评审实施两周前由公司本部资产管理办公室拟订"管理评审计划",报公司本部资产管理委员会批准并发布。直属单位和市公司按公司本部资产管理委员发布的管理评审计划,编制本公司的"管理评审计划",报本公司资产管理委员会批准。

公司本部、市公司(直属单位)业务部门根据管理评审计划要求,准备和提供有关资料,并提交资产管理办公室,资料包含但不限于以下材料:

① 资产管理体系运作情况(资产管理办公室)。

② 内部审核结果(审计部)。

③ 合规性评价结果(经法部)。

④ 与员工及利益相关者的沟通、参与和协商的结果(办公室)。

⑤ 企业资产管理绩效的记录或报告(互联网部)。

⑥ 资产管理策略、计划和目标完成情况报告(发展部)。

⑦ 事件调查、纠正和预防措施的执行情况(安监部、设备部)。

⑧ 前期管理评审的后续工作开展情况(资产管理办公室)。

⑨ 风险管控情况(财务部)。

⑩ 外部环境、技术革新对体系的影响情况(发展部、科技部)。

（2）管理评审实施

公司本部、市公司（直属单位）资产管理办公室负责管理评审会议资料的编制及汇总，并组织召开评审会议。

公司本部、市公司（直属单位）资产管理委员会成员参加评审会议，审查会议资料，提出评审意见。

公司本部、市公司（直属单位）资产管理办公室对管理评审会议内容进行详细记录。根据评审会议记录，在管理评审会议结束后5个工作日内公司本部、市公司（直属单位）资产管理办公室起草"管理评审报告"，市公司（直属单位）资产管理委员会审批后上报给公司本部资产管理办公室。公司本部资产管理办公室汇总各级单位的管理评审报告，并提交公司本部资产管理委员会审定。公司本部资产管理办公室负责发布批准后的管理评审报告，发放范围为公司本部、市公司（直属单位）资产管理委员会以及公司本部、市公司（直属单位）各业务部门。

（3）持续改进

公司本部、市公司（直属单位）资产管理办公室及时整理"管理评审会议记录"并归档，归档资料作为下次管理评审的输入信息。

公司本部、市公司（直属单位）各业务部门编制本部门的持续改进措施，编制形成"持续改进计划表"，提交本单位资产管理办公室，由本单位资产管理办公室按要求监督执行。

管理评审应基于持续改进的要求，对关键内容进行调整，如资产管理目标策略计划、资产管理绩效要求、资产管理所需资源、资产管理体系其他改进内容。

6.14 组　织

为支撑资产管理体系各项业务的有效运作，公司建立包括决策层、管理层、执行层在内的不同层级的组织架构。规定公司决策层、管理层、执行层的资产管理职责和权限，并以正式文件颁布执行，确保实现资产管理目标。

组织要求及内容如下：

决策层负责贯彻落实国家电网公司资产管理相关政策和工作部署；负责审议资产管理体系建设运行中的重要规章制度；负责审定公司资产管理的目

标、策略和管理手册;审批资产管理总体工作计划;根据资产管理内外部环境、风险变化、监管政策变化,提出资产管理体系改进及持续提升要求,及时处置涉及资产风险的重大事项,为资产管理活动提供资源保障。

管理层负责修编各部门以及岗位工作说明书中资产管理相关职能要求;负责收集公司本部各部门关于部门职责及岗位工作说明书的修订意见;负责资产管理风险的整体管控;定期组织开展资产工作检查和资产管理体系评价;研究资产管理的重大问题及应采取的措施;确保各项资产管理活动的落实。

执行层为负责具体资产管理工作执行的人员及组织,主要集中在各基层单位。执行层负责根据管理层制定的标准或制度,对具体的资产管理活动进行操作及管理。

6.15 人员能力

1. 人员能力

加强公司教育培训、员工能力管理与考核工作,实现教育培训管理工作的制度化、规范化、科学化,培养和造就适应公司发展需要的高素质员工队伍。

按照“可操作、好评价、提素质、重能力”的原则,结合不同性质岗位员工的工作特点,对公司员工按照管理与生产进行划分,不同人员采取不同的评价方式,按每年一次,定期开展全员能力评价工作,促进员工不断提升综合素质和业务能力,持续改进工作绩效,实现员工与企业的共同发展。

2. 人员能力要求及内容

公司资产管理相关岗位及供应商的人员能力需满足:

(1) 明确岗位应具备的知识和能力要求。

(2) 确保从事资产管理相关活动的人员具备相应的教育培训经历或从业经验。

(3) 建立人员能力评价方法和流程,定期开展人员评价;评价的结果应与相关方进行沟通,并作为培训需求制定的依据。

(4) 动态评估现在或者未来业务发展、技术革新等带来的岗位调整或职责变化,及时更新岗位能力要求,并对相关岗位的人员能力重新进行评价。

(5) 编制外包商资格预审流程，明确外包商应具备的能力及资源，包括人员技能要求、装备要求等。

(6) 员工能力评价工作由公司人力资源部统一组织，人力资源部下达通知后，由市、县公司及直属单位人资部组织员工所在部门具体实施，评价结果报本单位人资部审核后统一发布。包含以下4类评价：

① 员工职业能力评定：针对公司员工开发并实践基于能力的任职资格体系，实现能力提升与职业生涯发展，开展认证申报条件、证书管理等工作；鼓励员工利用业余时间参加学历教育及职业资格培训，提升员工职业能力素质。

② 技能人员评价：市、县公司各单位是技能人员评价的责任主体单位，按照《转发关于加强企业技能人才队伍建设意见的通知》《国家电网公司技能人员岗位能力培训规范》等相关要求，依据岗位说明书中岗位职责和任职资格要求，通过技能水平认定和培训业绩考评(或岗位能力测试)两种方式开展，寻找出与员工现有能力素质之间的差距，提出年度培训需求。通过培训，弥补员工现有能力的不足，以求达到人岗匹配。

③ 技术(管理)岗位人员评价：公司各层级绩效经理人是技术(管理)岗位人员评价的主体责任人，按照《国家电网公司绩效管理办法》的要求，采取“签订年度绩效合约”的方式，根据工作性质、业务特点采用“关键业绩制”“目标任务制”和“工作积分制”3种考评方法，重点关注关键业绩指标及重点工作任务指标完成情况。评价采用打分的形式，结果反馈给员工本人，并由绩效经理人与员工进行一对一绩效面谈，共同找出不足，辅助员工编制相应的改进措施，提出绩效改进计划。

④ 服务供应商能力评价：公司构建综合管理、专业管理、监督管理和支撑保障相结合的业务外包总-分规章制度体系。

6.16 培　训

1. 资产管理培训

根据从事资产管理相关人员的能力需求与人员能力评估结果，从人员培训需求的必要性和迫切程度进行分析，充分考虑培训场所、设备、师资、员工工作时间安排、培训费用等条件，设计和策划培训项目，编制培训计划。

有针对性地开展岗前培训、岗位培训等活动，对培训过程及考核结果进行记录，并建立员工个人培训档案。对培训效果进行评价，编制相应改进措施，不断提升相关人员能力，确保员工熟悉资产管理目标和要求，熟悉并胜任在资产管理体系内的职责。

2. 资产管理培训要求及内容

通过有计划地对外包商、公司员工开展电力安全生产知识等培训，指导、督促各岗位人员提高安全技术能力，确保各岗位人员的能力满足公司资产管理要求。公司资产管理培训要求包括：

（1）根据资产管理业务职能、岗位职责以及其他专业的要求，识别员工培训需求，通过分析培训需求编制相应培训计划和培训方案，明确课程设置、师资配置、预期效果，上报资产管理办公室批准后开展培训工作。

（2）记录培训过程及考评结果，并建立员工个人培训档案。

（3）通过收集各部门员工对培训的反馈意见等方式评估培训效果，以促进培训课程、培训活动的持续改进。

3. 资产管理培训工作流程

培训管理活动包括培训需求征集、培训计划编制、培训项目实施、培训效果评估4个过程。

（1）培训需求征集

每年11月份由公司本部人资部负责编制下一年度的培训需求征集方案，方案应包括征集的目的、对象和范围、征集的时间、征集的方法、征集的流程和对员工的工作要求。

公司本部人资部组织管理、技术、技能类培训，课程编制人员编制管理、技术类培训课程，在上一年度12月底前发布培训标准课程，下发培训需求征集及计划编制通知。

省、市、县公司及直属单位员工按照上级要求填报培训需求。

省、市、县公司及直属单位各专业部门汇总并审核本部门员工上报需求，并上报相应人资部。

公司本部人资部组织各培训学院汇总、整理培训需求，并形成公司本部需求分析报告、培训计划和送培名额分配计划。

培训需求征集内容纳入员工个人培训档案管理。

（2）培训计划编制

公司本部人力资源部编制审核第一轮培训计划，形成年度培训计划名额分配表，并逐级下发到市、县公司及直属单位人力资源部。市、县公司及直属单位人力资源部组织对培训计划名额分配表进行确认并将结果反馈给公司本部人力资源部。公司本部人力资源部汇总市、县公司及直属单位名额确认反馈表，并进行适当的调整，编制成公司本部技能类年度培训计划初稿。管理类、技术类培训计划由专业部门负责编制，并经本级人资部门审核后，纳入到年度培训计划统一管理。

公司本部人力资源部培训处主任审核培训计划，经报请公司本部领导审批后面向公司全部单位正式发布年度培训计划。省、市、县公司及直属单位人力资源部对整个年度计划编制流程进行监督和检查，编制过程中产生的需求征集信息、年度培训计划等资料应由省、市、县公司及直属单位各级人力资源部门培训专职及时归档。

（3）培训项目实施

省、市、县公司及直属单位人力资源部管理人员组织编制培训实施方案，省、市、县公司及直属单位人力资源部主任及培训管理岗位人员审核本单位培训项目实施方案。

省、市、县公司及直属单位培训管理人员发布开班通知，省、市、县公司及直属单位人力资源部门组织员工报名，并根据培训需求汇总情况进行资格审查，结果反馈培训中心。

各级培训中心负责培训班的具体实施工作，努力提高培训质量。

省、市、县公司及直属单位人力资源部对整个培训项目实施流程进行监督和检查，项目实施过程中的相关资料应及时归档。

（4）培训效果评估

培训结束后，主办部门会同承办方按照《国家电网公司教育培训项目管理办法》组织开展相应级别的培训效果评估，填写培训项目反应评估及改进意见书。

培训效果的评估和持续改进是培训过程中的核心环节。通过征集参培学员的意见和建议，并对已完成培训项目开展评估工作，帮助培训实施部门发现存在的问题和不足，由培训主管部门和实施部门共同提出改进意见，从而使新的培训项目、年度培训需求计划更加完善、更具有针对性。

6.17 法律法规

1. 法律法规

明确获取法律法规及其他要求的渠道，以便及时获取有关资产管理方面的法律法规及其他要求，确认其适用性并跟踪其变化，做到及时更新。确保所建立和保持的资产管理体系对适用的法律法规和其他要求加以考虑。

2. 法律法规要求及内容

法律法规和其他要求获取的范围包括：

(1) 国家颁发的法律、法规，国家主管机关颁布的条例、规定、办法等。

(2) 各工程所在地颁发的地方性法规和制度。

(3) 电力行业主管部门颁发的规章和条例。

(4) 相关方要求遵循的其他规章和制度。

3. 法律法规获取途径及方式

明确获取及更新法律、法规和其他要求的途径和方式，包括：

(1) 由经法部负责从各种相关资产管理法律法规信息网站及国家、地方、行业主管单位刊物上收集适用的法律法规，确保获得适用文件的有效版本。

(2) 各部门与对口的政府部门、上级主管建立联系，获取部门岗位需要的法律法规及其他要求等，并将信息汇总给经法部。

(3) 经法部汇集各部门法律法规清单后，整理完成公司法律法规及其他要求有效版本清单。

(4) 识别法规的适用条款，将法律法规的相关要求融入到资产管理体系中，并作为合规性评价的依据。

6.18 制度标准

1. 制度标准

公司基于“三集五大”标准制度体系，建立与流程、岗位相配套、统一协调、一贯到底的资产管理规章制度和标准体系，确保各项工作有标准、有要求，制度标准相统一。制度标准由经法部和企协归口管理。

2. 制度标准要求及内容

标准制度获取的范围包括：

（1）以公司规章制度为主体，以所属各级单位辅助性规章制度为补充。

（2）公司规章制度以通用制度为主，以非通用制度为辅。

（3）所属各级单位辅助性规章制度包括通用制度差异条款、非通用制度实施细则和本单位补充规章制度3类。

（4）国网公司及公司部门制定的标准性文件。

3. 制度标准获取途径及方式

（1）国网公司规章制度管理模块中制度标准信息收集。

（2）制度标准一体化平台上制度标准信息收集。

（3）协同办公系统中制度标准信息收集。

（4）各单位制度标准信息的上报。

（5）其他有效的制度标准信息的收集方式。

6.19 风　险

1. 资产管理风险

识别和评价与资产、资产集、资产管理活动相关的风险，明确并落实管控措施，确保资产管理目标的实现。

2. 资产管理风险要求及内容

资产管理风险的识别范围要求与资产管理体系范围相对应，覆盖规划、设计、采购、建设、运维、检修、退役和处置等资产全寿命周期各业务环节。风险的类别包括电网和设备风险、人身安全风险、管理风险、环境风险以及变更风险等。

根据全面风险管理的有关要求，资产管理风险分为四级：一级风险是公司主要业务领域所面临的总体性风险；二级风险是在公司各主要业务领域中的具体经营活动和管理行为所产生的风险，是对一级风险的细分；三级风险是可能导致二级风险发生的主要风险诱因，是对二级风险的细分；四级风险是将三级风险与末端流程相匹配，细化落实到流程步骤的风险。

3. 风险管理流程

风险管理流程包括风险初始信息收集、风险识别、风险评估、风险控制、风险监控与总结。

(1) 风险初始信息收集

资产全寿命周期管理活动过程中,各部门、各单位应以业务流程为依托,收集资产相关和资产管理相关的风险初始信息,包括历史数据和未来预测,并对初始信息进行筛选、提炼和分类。依据国家电网公司《国家电网公司内部控制管理办法》的要求,在全面风险管理框架下,对资产管理风险进行分类。

(2) 风险识别

日常资产管理活动中对收集的风险管理初始信息进行风险识别。公司本部、市公司(直属单位)、县公司(室)各级部门可以通过资产在规划计划、采购建设、运维检修、报废处置整个全寿命周期阶段活动中可能存在的风险进行识别,也可以通过历史数据、案例分析、事件(事故)调查分析、理论分析、巡视检查、安全检查、专题研讨、专家的意见,以及利益相关方的需求来进行识别。风险识别的范围覆盖电网、设备和人身安全风险、管理风险、环境风险以及变更风险等,主要类型包括电网规划风险、物资管理风险、工程建设风险、安全监察风险、营销风险、财务风险、人力资源风险、信息风险、法律合规风险、电网调控风险、设备运检风险及其他风险。

公司风险管理办公室、市公司(直属单位)风险管理办公室每年10～11月上旬依据《国家电网公司内部控制管理办法》组织开展一次全省范围内新增资产风险的识别工作,并建立维护"风险信息库"。

(3) 风险评估

公司风险管理办公室、市公司(直属单位)风险管理办公室每年11月下旬组织本公司各部门对识别出的资产风险开展资产风险的评估工作,分析风险成因、风险发生的可能性和风险事件发生后的影响后果。根据风险分析的结果,依据风险评估标准,量化风险发生的可能性和影响后果,计算风险值,并确定风险等级。

市公司(直属单位)、县公司对本单位识别资产风险进行分析和评估,经审核后将风险信息提交至对口专业部门。对口部门对市公司(直属单位)、县公司识别的资产风险信息以及本部门识别的资产风险进行分析和评估,并在

11月底提交至公司风险管理办公室。

（4）风险控制

风险控制包括管理策略、控制措施和解决方案。对识别和评价的资产风险，公司本部各专业部门、市公司（直属单位）、县公司（室）应结合自身实际情况，明确风险承受能力，确定风险控制策略和控制措施要求。风险承受能力、应对策略和控制措施要求应同步维护到"风险信息库"内。

各部门、各单位在开展资产全寿命周期管理和业务活动过程中，根据自身实际业务环境、工作条件，依据风险信息库动态，动态开展风险识别、分析、评估、控制活动，对管理和业务风险进行有效管控，对于重大风险，应明确具体的控制措施、时间计划、责任人员安排、资源配置等，编制对应的应急预案，并经审批后执行。对识别出的新风险应上报风险管理办公室，由风险管理办公室对"风险信息库"进行动态维护。

（5）风险监控与总结

公司本部各专业部门、市公司（直属单位）、县公司（室）在风险控制措施实施后，应定期对已识别的风险进行监控和再评估，监控风险措施执行情况，评估风险等级是否降低到可接受程度，对风险控制措施的有效性进行评价，及时发现工作中的不足并改进。若风险等级未降低，则需分析风险识别和风险控制措施中存在的问题，提出改进建议。风险再评估的信息和改进意见需同步维护到"风险信息库"中。

公司风险管理办公室、市公司（直属单位）风险管理办公室组织公司本部、市公司（直属单位）、县公司（室）各专业部门于每年12月份开展本专业去年风险管理工作总结分析，编制本专业风险管理自评报告，提交公司风险管理办公室。风险管理办公室对公司风险管理实施的有效性、风险管理体系的工作效果进行全面总结分析，形成公司风险管理报告，报送风险管理委员会审定，并编制措施，落实改进建议。

6.20 应　急

1. 应急

应对突发事件和紧急情况，保持重要资产管理行为的连续性。公司本部系统各级应急领导小组下设安全应急办公室和稳定应急办公室。安全应急办公室设在安监部，负责安全生产应急管理工作的归口管理。同时在公司本部安监部设立安全生产应急管理日常机构(应急管理处)，负责公司本部系统安全生产应急常态管理工作。稳定应急办公室设在办公室，设立稳定应急管理日常管理机构或机制，负责社会稳定应急管理工作的归口管理。相关职能部门按照“谁主管，谁负责”原则，负责各自管理范围内的应急工作。

2. 应急要求及内容

(1) 应急准备

① 对识别出的风险及可能发生的突发事件和紧急情况进行应急管理，编制应急总体预案、专项预案和现场应急处置方案。

② 应急预案要求明确应急人员、信息沟通方式、应急资源和保障措施、恢复正常状态需采取的流程等内容。

③ 应急预案经批准后发布。

④ 应急要求配备应急物资，并明确应急物资的采购、存储、调拨和使用等管理要求。

⑤ 应急管理与公司资产管理目标和可能面临的风险、内外部环境变化趋势以及相关方、法律法规、标准制度等要求相适应。

(2) 应急响应

各部门、人员在遇到突发事件或紧急情况时，应按应急预案快速响应，采取有效措施，降低影响。记录应急响应活动过程，并保留记录。

(3) 应急培训及演练

根据应急预案，开展应急培训及演练，并满足：

① 明确应急培训、演练的管理职责、业务活动、人员范围、频次、时间以及培训、演练效果评价等要求。

② 安质部牵头按计划定期开展应急培训、演练，并保留相关记录。

(4) 应急评价及改进

① 定期评审应急预案的适宜性，必要时修改应急预案，并保留评审记录。

② 在事故、事件或紧急情况发生后，组织对相关应急预案进行评审，必要时进行修改。

③ 通过应急培训、应急演练，评审应急预案的适用性，必要时进行修改。

④ 定期邀请相关方对应急管理的有效性进行评价，并根据评价结果对

应急管理进行持续改进，包括修订预案等。

3. 应急流程

应急管理流程包括应急事件的识别、应急预案编制与评审、应急演练与评估、应急培训、应急装备及资源管理、应急响应和处置。

（1）应急事件的识别

公司本部系统各级安监部每年10月份组织各部门（单位）结合风险评估结果、资产失效事件，对其管辖范围内潜在的或可能发生的突发事件进行识别和认定，作为总体预案、各专项预案和现场处置方案编制、修订的依据和输入。

（2）应急预案的编制与评审

公司应急预案体系由一个总体应急预案、多个专项应急预案和现场处置方案组成。公司本部安监部负责建立本公司突发事件总体应急预案，各管理部门根据突发事件类别建立公司级专项应急预案，各部门（单位）、班（站、所）根据工作的风险与实际，建立相应的现场处置方案，形成公司的应急预案目录。

（3）应急演练与评估

依据《国家电网公司应急工作管理规定》（国网（安监/2）483—2014）公司每年至少组织一次联合应急演练，必要时邀请政府相关部门、重要用户参加，以加强电网、电厂、政府和用户之间的协调和配合，完善相关应急预案。各单位每年至少组织一次联合或专项应急演练，检验和完善相关应急预案。各演练策划部门应根据演练计划，组织策划演练方案，必要时可成立相关的组织机构负责演练方案编制、资源保障、演练督导、过程记录及总结评估等工作，确保顺利完成应急演练项目。

突发事件应急处置工作结束后，针对应急演练中暴露出的问题，制订相应的整改计划，并纳入纠正与预防进行闭环管理。各单位要积极组织受损设施、场所和生产经营秩序的恢复重建工作。对于重点部位和特殊区域，要认真分析研究，提出解决建议和意见，按有关规定报批实施。

公司及相关单位要对突发事件的起因、性质、影响、经验教训和恢复重建等问题进行调查评估，同时，要及时收集各类数据，开展事件处置过程的分析和评估，提出防范和改进措施。

（4）应急培训

公司每年将应急培训纳入单位培训规划和职工年度培训计划，制订培训大纲和具体内容，运用各种方法和手段，开展对各级人员的培训。使各级人员熟悉和掌握相关应急预案、现场处置方案、应急启动条件、应急执行程序，提高应急处置能力。

（5）应急装备及资源管理

公司依据《应急物资管理办法》（国网（物资/2）126—2013）每年将应急体系建设所需的资金纳入年度资金预算，建立健全应急保障资金投入机制，以适应应急队伍、装备、交通、物资储备等方面建设与更新维护资金的要求，保证抢险救灾、事故恢复及灾后重建所需的资金投入。

（6）应急响应与处置

发生突发事件，依据《国家电网公司应急工作管理规定》（国网（安监/2）483—2014）事发单位首先要做好先期处置，营救受伤被困人员，恢复电网运行稳定，采取必要措施防止危害扩大，并根据相关规定，及时向上级和所在地人民政府及有关部门报告。对因本单位问题引发的、或主体是本单位人员的社会安全事件，要迅速派出负责人赶赴现场开展劝解、疏导工作。

（7）应急管理评价及应用

建立健全突发事件预警制度，依据《国家电网公司应急工作管理规定》（国网（安监/2）483—2014）突发事件的紧急程度、发展态势和可能造成的危害，及时发布预警信息。公司预警分为一、二、三、四级，分别用红色、橙色、黄色和蓝色标示，一级为最高级别。公司各类突发事件预警级别的划分，由相关职能部门在专项应急预案中确定。定期邀请相关方参与应急管理的有效性评价，并根据评价结果对应急管理进行持续改进，包括修订预案等。

（8）监督检查和考核

公司建立健全应急管理监督检查和考核机制，对下级单位应急工作开展情况进行监督检查和考核。

公司各单位应组织开展日常检查、专题检查和综合检查等活动，监督指导应急体系建设和运行、日常应急管理工作开展，以及突发事件处置等情况。

公司各单位应将应急工作纳入企业综合考核评价范围，建立应急管理考核评价指标体系，健全责任追究制度。公司建立应急工作奖惩制度，对应急工作表现突出的单位和个人予以表彰奖励；对履行职责不当引起事态扩大、造成严重后果的单位和个人，依据有关规定追究责任。

6.21 协　同

1. 协同

资产管理协同通过明确协同要求、规范协同流程、促进业务横向融合，确保跨流程、跨业务、跨部门及跨单位的资产管理业务顺利开展，提高流程执行效率。

2. 协同要求及内容

识别资产管理业务协同需求，并将其融入各项资产管理标准制度内，确保各项业务活动的顺畅运转。公司资产协同管理的控制要求包括：

（1）基于流程、标准、制度、职责，识别协同需求，确定协同关键点，尤其是业务流程方面，识别不同部门的业务衔接点，明确协同内容。

（2）将常态化工作的协同需求落实到标准制度和管理办法中，明确协同的职责、内容和要求，各协同单位、人员遵照执行。

（3）可能影响资产管理目标实现、策略、计划实施的非常态化工作的协同需求，要求在工作方案、通知等文件中明确协同职责、内容和要求，确保各协同单位、人员能够获得协同要求并遵照执行。

3. 协同流程

资产管理协同流程包括识别协同需求、形成协同方案、执行协同方案、协同总结和协同改进。

（1）识别协同需求

公司各级部门、单位按照资产管理体系文件和流程开展工作，有效协同，确保工作顺畅。公司各层级部门、单位对资产全寿命周期管理和业务日常化工作协同环节，可通过公文等形式，自主协同相关责任部门和单位，优化完善既有工作和工作机制。对涉及规章制度调整等重点协同需求，资产管理办公室受理公司各层级部门、单位《协同工作联系单》，明确协同事项、发起部门（专业）、协同部门、协同内容、紧急程度、完成时限等，并纳入过程记录统一管理。

（2）形成协同方案

资产管理办公室组织各级资产管理业务环节的协同发起部门和相关部门，根据资产管理协同需求，编制资产管理重点工作协同方案，明确协同事项工作职责、流程、制度标准和运行实施风险控制、运行实施验证等。

(3) 执行协同方案

在协同方案审批后,各级资产管理业务环节的协同发起部门、配合部门、市公司及直属单位、县公司,按照协同方案执行。资产协同执行过程,由资产管理办公室对协同管理活动开展情况进行监督。

(4) 协同总结

资产管理协同发起部门、市公司及直属单位、县公司对协同工作开展情况进行总结,形成资产管理协同总结报告,对存在的问题及不足,提出改进意见及提升措施。资产管理办公室及时组织和监督相关部门完善组织、流程、标准制度,及时进行经验固化和推广应用。

6.22 沟　通

1. 沟通

识别资产及资产管理体系内外部沟通的需求,确保沟通畅通、有效,获得内外部相关方的认同和支持,以实现资产管理目标。

2. 沟通要求及内容

资产管理沟通涉及的主要内容包括资产管理总体目标、策略和计划的决策活动,管理规范、工程技术标准、制度及流程,风险评估与管控决策,事件调查和发布,资产状况和绩效,应急管理,资产管理执行过程,资产管理体系的持续改进。

公司要确保对资产管理重要活动进行充分、有效的沟通,包括:

(1) 资产管理总体目标、策略和计划的决策活动。

(2) 适用的法律法规及其他要求、标准、制度、流程。

(3) 风险评估与应对、应急管理、事件调查和发布。

(4) 资产状况和绩效。

(5) 资产管理体系执行过程及持续改进等。

3. 沟通流程

资产管理沟通流程包括沟通准备、开展沟通、沟通信息反馈、沟通总结改进。

(1) 沟通准备

归口管理部门每年6月份收集、梳理并发布本部门(单位)内外部利益相关方清单。

① 确定沟通内容:收集信息,确定沟通内容及预期效果。

② 确定沟通对象:沟通主办部门根据沟通内容及预期效果,确定沟通的对象。

③ 确定沟通方式、频率和渠道:沟通主办部门确定沟通对象后,确定沟通方式、频率和沟通渠道。

(2) 开展沟通

主办部门按照沟通准备内容,组织相关人员,开展沟通活动,讨论共同关心的问题,寻求解决方案,并做好相应记录。

(3) 沟通信息反馈

主办部门根据开展的沟通情况,进行信息收集,并对收集的信息进行处理,包括信息整理和编制实施纠正预防措施等。

(4) 沟通总结改进

办公室负责沟通实施过程中的监督、检查,根据沟通效果进行总结和完善沟通工作,提出改进意见,确保沟通达到效果。

6.23 体系文档

1. 体系文档

明确体系文档管理的责任部门、要求、方法、内容及信息,确保体系文档得到有效控制。

2. 体系文档要求及内容

体系文档主要包括工作手册(一)、工作手册(二)、规章制度文件、标准文件、法律法规、政策文件等。

(1) 明确资产管理体系文档的层级结构,清晰说明各管理要求的逻辑关系,并与法律法规、标准制度及其他管理体系保持一致。

(2) 标准制度、法律法规按相关制度进行控制管理,在标准制度或其他规定中有明确规定的体系文档按规定执行,除此之外的体系文档(如工作手册等)需有效控制:文件发布前要得到公司本部资产管理委员会批准;必要时由资产管理办公室对文件进行评审和更新,并由公司本部资产管理委员会再次批准;确保文件保持清晰,易于识别;确保策划和运行资产管理体系所需的外来文件得到识别,并控制其分发;避免文件被不正当地使用,避免泄密;按照相应的密级进行管理;文件进行版本控制,防止作废文件的逾期使用;如需保留作废文件,需对这些文件进行适当标识;明确文件存储方式及存储期限,妥善进行归档。

(3) 对发布的资产管理体系文档进行宣贯,确保员工及时了解相关要求。

3. 体系文档更新流程

(1) 体系文档的编制、审查和批准

资产管理办公室组织起草手册(一)(二)、资产管理总体目标、资产管理总体策略、资产管理绩效目标等体系文档,经审查后,报资产管理委员会批准,由资产管理办公室(设备部)通过OA系统发布实施。

(2) 体系文档的发放

文件归口部门根据《国家电网公司公文管理办法》(国网(办/2)416—2014)进行文件发放,各使用部门可通过OA系统浏览最新文件。

(3) 体系文档的更新

文件更改部门将修改后的文件重新经过公司OA系统进行审查、批准、发布及发放。重新发布时,应对更改内容予以说明,新文件重新给予编号,被更改的文件予以作废。

文件归口管理部门在信息系统中发布新文件,对被修改的文件进行状态标识设置,原文件视为无效文件,另存;同时,更新相关文件清单。

(4) 体系文档的作废

文件的实时作废,在文件更改时完成。

规章制度的作废,在OA系统中批准后发布。

各部门根据体系文档是否有版本更新或利用通用制度替代,判断当前版本体系文档是否需要废止。文档作废时,经原发布方批准后,由其发文公告并对作废文档进行失效标识,同时更新相关文档清单。经法部汇总各部门现行有效的规章制度清单。

6.24 记　　录

1. 记录

对资产管理活动过程进行记录、维护,确保过程记录能够支撑资产管理活动的开展及资产管理体系的评价及完善。

2. 记录要求及内容

凡是与资产管理体系运行有关的,作为体系运行可追溯证据的记录,包括但不限于资产风险识别和评估记录、事故及不合规报告及登记、应急准备及响应证据、检查维护及校准记录、资产和资产集的绩效和状态、资产管理体系的绩效、资产管理体系管理评审记录等。记录根据载体可分为纸质记录、手工维护的电子记录和存在于系统的电子记录。

记录包括支撑资产管理活动的各种文件、表单、图纸、合同等。

(1) 工作报告、经验总结、会议纪要、通知、指导意见等文件。

(2) 设备台账、设备清单等资产统计表单。

(3) 布置图、施工图等工程图纸。

(4) 分包、外委、采购、受托合同、执照等。

(5) 其他资产管理活动的过程记录。

3. 记录管理流程

记录的管理流程包括记录的建立、填写、标识、归档、保管和存储、借阅和销毁。

(1) 记录的建立

公司本部、市公司、直属单位和县公司记录归口部门根据实际需求,在业务开展过程中,依据《国家电网公司档案管理办法》(国网(办/2)417—2014)及本部门相关记录单据等的格式要求编制资产管理记录。

(2) 记录的填写

记录填写依据《国家电网公司档案管理办法》(国网(办/2)417—2014)相关要求,记录填写必须及时、真实、准确、全面,字迹工整、清晰,记录填写人签名、注明日期。

(3) 记录的标识

记录以其编号作为标识。

(4) 记录的归档

公司本部、市公司、直属单位和县公司在筹备、建设、生产、经营、管理等活动及产权变动过程中形成的具有保存价值的各种载体形式的文件材料都应纳入归档范围。

(5) 记录的保管和储存

记录要建立检索目录、检索清单或采用其他方法,以便于能够迅速有效地查阅和追溯。记录保管场所应符合《国家电网公司档案管理办法》(国网(办/2)417—2014),书面记录的保存场所应有防火、防潮、防渗水、防强光、防虫蛀和鼠害的措施;电子媒体保存要有防磁、防潮、防病毒和防止损坏的措施,并做备份。

(6) 记录的借阅

一般记录,经保管部门同意,可供内部查阅。

(7) 记录的销毁

归档记录超过保管期限后,由档案管理人员进行重新鉴定,符合销毁条件的编制"销毁清册",按照销毁流程进行处理。档案销毁时至少应有两人在场,并将"鉴定清册""销毁清册""销毁报告"等归档。为节约纸张,应在非保密资料上做作废标识,空白面应再利用。

6.25 信息系统

1. 信息系统

明确信息系统管理的责任部门、要求、方法、内容及信息,设计、实施和维护资产管理信息系统,控制系统数据,确保信息系统对资产管理提供有效支撑。

2. 信息系统要求及内容

(1) 信息系统是由计算机硬件、网络和通信设备、计算机软件、信息资源、信息用户和规章制度组成的以处理信息流为目的的人机一体化系统,用于对资产管理体系提供信息化支撑。信息系统的管理活动主要包括立项管理、实施管理、验收管理、运维管理及后评估管理。

(2) 资产管理信息包括体系文档、记录、信息系统及其中数据等,是资产管理体系信息体系的基础组成部分。信息的主要管理流程有信息的识别、创建、产生、采集与处理、传递、使用、保存及归档等。

(3) 资产管理信息系统包括资产台账管理系统、数据采集与监测控制系统、工程建设管理系统、采购管理系统、地理信息管理系统、决策支持系统等支撑资产管理业务活动的信息系统。系统数据包括资产台账、资产位置信息、资产状态、资产绩效、明细记录等。

3. 信息系统管理流程

(1) 每年11月底开展信息系统功能梳理工作,明确各信息系统对应的各专业管理模块,确定责任部门,定期对信息系统进行维护更新工作,支撑业务工作的开展。

(2) 在梳理工作完成后,组织编制资产管理信息系统对应业务工作清单。

(3) 组织各专业部门编制信息系统与业务对应关系说明报告,梳理信息系统漏洞、存在的问题,提出对应的措施及信息融会贯通需求等。

第3篇

评价提升篇

第7章　体系评价办法

7.1　体系评价目的

聚焦设备管理和价值创造，扎实开展“三位一体”多维立体评价，综合验证资产全寿命周期管理体系运行效果，深入挖掘体系运行及业务管理问题，真正发挥体系评价的监督和引导作用，助力公司资产全寿命周期管理迈上新台阶。

7.2　工作原则

1. 保持既有评价规则

为保持体系评价的延续性，在既有“三位一体”多维立体评价机制的基础上，策划各类体系评价工作安排，相关评价规则、评级规则、标准管理规则、评价流程等不做大的调整。

2. 调整体系评价范围

结合公司跨区电网、区域电网、省级电网管理界面优化，及时调整体系评价范围，对各分部、省级电力公司开展体系评价，同时，鉴于直属单位资产和管理特点，不再对相关直属单位开展体系评价。

3. 聚焦“五好”设备要求

以设备质量为核心，从全寿命周期管理的角度，核查设备选型、招标采购、制造安装、运行维护等管理过程，验证跨部门管理协同、跨专业信息共享效果，关注影响设备运行状态和效率的关键因素。

4. 加强评价结果反馈

为进一步提高问题反馈的及时性，推进典型问题闭环管理，在原有年度体系评价结果通报的基础上，定期总结体系评价情况、梳理典型问题、通报评价结果，加大问题整改力度。

7.3 职责分工

（1）评价工作在国网公司资产全寿命周期管理推进领导小组统一领导下，由国网设备部作为推进领导小组办公室，总体指导评价工作有序开展、整体推进及管控协调。

（2）国网经研院作为国网公司评价工作的专业支撑单位，负责配合国网设备部，开展评价策划、组织评价实施、管理评价专家、分析评价情况，跟踪问题整改等。

（3）各网省公司是自评价工作的组织实施单位，同时也是国网公司评价的受评单位。作为自评价工作的组织实施单位，负责编制本单位自评价工作方案；负责评价专家管理，组织实施自评价并提交自评价结果；负责督导下属单位开展自评价工作等。作为受评价单位，负责组织本单位接受公司评价，为评价提供必备条件；确认评价组提出的问题清单，组织开展问题整改并提交整改结果。

（4）评价组是评价工作的实施主体，包括评价组组长和其他评价组成员，负责编制具体评价计划，依据标准实施评价活动，形成评价意见并反馈。

7.4 分级规则

体系运行效果按成熟度划分为5个等级，从低到高依次为萌芽型、成长型、成熟型、领先型、卓越型。其中，成熟型分为3个级别，即达标级、良好级、优秀级；领先型分为2个级别，即区域级、公司级。各等级特征如下：

1. 萌芽型

组织处于无序管理状态，具体表现为：组织的制度标准有严重缺失，相关管理职责不明确，流程不畅通；未编制资产管理目标或目标未实现；管理记录零散、不完整；大部分人员不了解体系要求。

2. 成长型

组织处于体系建设状态，具体表现为：组织的制度标准体系初步搭建，部分管理职责不明确，部分流程不畅通；资产管理目标未完全承接总体目标或部分目标未实现；部分管理记录零散、不完整；部分人员不了解体系要求。

3. 成熟型

组织处于体系实施状态，具体表现为：组织建立了制度标准体系，管理职责基本明确，流程基本畅通；资产管理目标承接总体目标且大部分目标能够实现；管理记录较为系统，但不够完整；大部分人员了解体系要求；持续改进效果不明显。

4. 领先型

组织处于持续改进状态，具体表现为：组织建立了制度标准体系并不断完善更新，管理职责明确，流程畅通；资产管理目标承接总体目标并能够实现；管理记录系统、完整；大部分人员能够参与体系活动；持续改进效果明显。

5. 卓越型

组织处于绩效卓越状态，具体表现为：组织建立了完整的、系统的制度标准体系并不断完善更新，管理职责明确，流程畅通，且能够根据变化及时调整；资产管理目标承接总体目标，且绩效卓越；管理记录系统、完整；全员参与体系活动，且能够为体系贡献绩效；持续改进效果显著。

7.5 评价标准

体系成熟度按年度评定，根据年度综合评价结果确定各单位体系成熟度等级。年度综合评价结果由基础项和加分项组成，基础项的满分是100分，加分项最大权重不超过10%。

(1) 基础项以日常评价结果（不含重点课题）为主，参加监督评价的单位，其基础项由日常评价结果和监督评价结果组成，日常评价和监督评价所占权重分别为70%和30%；未参加监督评价的单位，基础项仅由日常评价结果构成，权重为100%。

(2) 加分项由专项评价结果和日常评价——文件评审中的重点课题评审结果构成，未参加专项评价或未承担课题的单位，此项不计分。加分项的具体权重根据每年重点课题及专项评价事项确定。

(3) 年度综合评价结果与成熟度等级对应标准如下：

① 综合得分率在90%（含）以上的为卓越型，且单项得分率不得低于

85%。

② 综合得分率在80%(含)～90%(不含)的为领先型,其中公司级领先型单项得分率不得低于80%,区域级领先型单项得分率不得低于75%;

③ 综合得分率在65%(含)～80%(不含)的为成熟型,其中优秀级成熟型单项得分率不得低于70%,良好级成熟型单项得分率不得低于60%,达标级成熟型单项得分率不得低于40%。

④ 综合得分率在30%(含)～65%(不含)的为成长型,且单项得分率不得低于25%。

⑤ 综合得分率在30%以下的为萌芽型。

(4) 体系成熟度晋级应同时满足以下条件:

① 未出现4级及以上重大资产损失如电网事件、设备事件等;

② 年度综合评价结果达到相应成熟度等级对应标准;

③ 当年通过现场监督评价。

(5)体系成熟度保持现有等级应同时满足以下条件:

① 未出现4级及以上重大资产损失如电网事件、设备事件等;

② 年度综合评价结果不低于现有成熟度等级对应标准。

(6) 出现以下情况,体系成熟度进行降级处理:

① 出现4级及以上资产重大损失的情况,如电网事件、设备事件等,降至下一成熟度的最低等级。

② 年度综合评价结果低于现有成熟度等级对应标准,降至年度综合评价结果对应的成熟度等级。

第8章　体系评价内容

资产全寿命周期管理体系评价遵循“统一评价组织、统一评价标准、统一评价流程、统一评价方式”的“四统一”工作原则。在“三维一体”多维立体评价机制的基础上，深入发掘体系运行及业务管理问题，综合验证资产全寿命周期管理体系的运行效果，真正发挥体系评价的监督和引导作用。体系评价主要包括日常评价、专项评价、监督评价、实物资产评价。

8.1 日常评价

日常评价是对各单位资产全寿命周期管理体系开展的常态化远程评价，评价目的是验证资产全寿命周期管理工作推进情况和体系常态运行效果。日常评价包括文件评审和业务系统的信息监测。

8.1.1　文件评审

文件评审以各单位资产全寿命周期管理实施方案为切入点，验证资产全寿命周期管理工作推进情况和问题改进效果，促进各项重点工作有序推进。

1. 评价安排

文件评审按照总部要求，各单位根据体系运行资料提交时间节点分期进行，具体时间以每期的“评价计划”为准。

每年根据上一年度体系运行情况及评价结果对评审内容进行调整，具体评审内容将在“年度评价工作方案”中明确。

每年度预安排3～6期文件评审，评价方式为远程评价。按照各省级电力公司体系运行资料提交时间节点以及公司年度实物资产评价工作进度分期进行。

2. 评价内容

（1）资产全寿命周期管理实施方案

根据总部年度重点工作部署，核查各省级电力公司资产全寿命周期管理实施方案，验证各项重点工作的承接与分解情况，关注实施方案的可操作性。

（2）资产全寿命周期管理实施方案执行情况

结合各省级电力公司资产全寿命周期管理实施方案，核查各单位提交的月度工作总结及相关佐证材料，验证各项重点工作的工作进度、实施情况及阶段性成果。

（3）资产管理策略

围绕公司发展战略，核查各单位资产管理策略、验证各单位是否响应公司提质增效要求，编制涵盖全寿命周期各环节的资产管理策略；以及相关策略是否承接目标并指导资产管理计划的编制。

（4）资产管理绩效指标

结合各单位资产及资产管理特点，从提质增效的角度，核查资产管理绩效指标制订及分解情况，验证各单位是否逐级分析指标驱动因素并科学编制管控措施计划。

（5）监测改进及问题整改情况

核查体系内审、管理评审、持续改进等活动的过程资料，验证相关活动在策划、实施、改进等方面的符合性和有效性。针对文件评审、现场评价提出的问题及建议，核查各单位提交的整改佐证材料，验证相关整改措施的合理性以及整改活动的有效性。

（6）重点工作（课题）研究及应用

结合公司资产全寿命周期管理重点工作任务部署，核查相关方案、过程实施记录及佐证材料，验证重点工作（课题）进展及取得的成果，关注相关成果的可复制性和可推广性。

3. 评价要求

（1）评价单位做好文件评审前的准备工作，编制文件评审所需的各类文件模板，做好一致性培训，保障评价质量。

（2）受评价单位要严格按照要求，在规定的时间内提交相关资料，落实整改意见，提高改进效果。

8.1.2　业务系统的信息监测

根据资产全寿命周期管理年度重点工作任务中关于提高数据质量的要求，开展以数据质量、业务协同、管理绩效为重点的信息监测活动，进一步挖掘数据价值，客观反映管理问题。

1. 评价安排

每年根据业务系统功能实现情况、系统应用情况以及上一年度监测结果对监测内容进行调整，具体监测内容将在“年度评价工作方案”中明确。

业务系统的信息监测按月度分期进行，采用抽样方法，在同一期监测中，各单位的抽样规则相同。

在每年4～10月，国网经济研究院组建工作组，组织对各分部和省级电力公司开展远程信息监测。

2. 评价内容

（1）业务协同

根据公司专业管理制度，以设备资产管理为主线，从故障管理、缺陷管理、调拨管理、设备新增管理、供应商评价管理等方面开展监测，验证专业管理过程的规范性和协同效果。

（2）关键指标

依托PMS、ERP等专业管理系统，核查账、卡、物一致率，关注相关指标完成情况及发展趋势，并对异常指标进行跟踪。

3. 评价要求

（1）国网经济研究院要做好监测前的准备工作，编制业务管理信息监测工作所需的各类文件模板，做好一致性培训，保障评价质量。

（2）评价组成员要严格遵守公司相关保密规定，提前熟悉评价标准、做好评价准备，客观开展信息监测工作，确保评价效果。

（3）受评价单位要高度重视信息监测工作，在监测期间开放信息系统权限，确保业务系统及系统数据相对稳定。针对监测提出的问题，及时与监测组沟通，并按要求落实整改意见。

8.2 专项评价

专项评价是对各单位在特定专项工作或专业管理开展的现场检查,评价目的是引导各单位主动开展改进提升,促进各单位在专项工作领域取得显著成效。

1. 评价安排

(1) 专项评价内容主要来源于资产全寿命周期管理年度重点工作以及资产全寿命周期管理中的薄弱环节或典型问题,具体评价内容将在"年度评价工作方案"中明确。

(2) 专项评价一般安排在每年5~8月,接受专项评价的单位由自愿申请和总部选取两种方式确定。其中,自愿申请方式,由申请单位从总部公布的专项评价标准中选择至少两个评价事项;总部选取方式,由总部指定专项评价内容。总部指定专项评价事项时,一般在公布的专项评价标准范围内,如有特殊情况,则在公布"专项评价实施方案"时,一并补充并公布相应评价标准。

2. 评价内容

(1) 关键数据产品

以设备运检阶段数据为主要对象,结合实物"ID"建设应用情况,从推进数据共享、提高结果应用的角度,验证关键数据产品生成、处理、反馈管理机制。

(2) 生产成本分析

结合前期单体设备LCC研究及应用情况,核查设备生产成本分析工作进展,并从提质增效、价值管理的角度,验证生产成本分析深度和场景应用情况。

(3) 资产全寿命周期管理平台

结合公司数据中台和企业中台建设,核查资产全寿命周期管理平台建设进展,并从支撑公司管理决策的角度,验证平台功能。

(4) LCC招标采购

结合公司现代(智慧)供应链体系建设,从合理提高重点地区和重点工程设备档次的角度,验证LCC招标采购管理机制及实践应用效果。

(5) 实物"ID"在设备监造、抽检等环节的应用

核查实物"ID"在设备监造、抽检、项目建设业务中的应用情况,验证相关管理过程的规范性和系统性,关注设备信息收集情况和数据贯通效果。

3. 评价要求

(1) 评价组要做好评价前的准备工作,编制专项评价工作所需的各类文件模板,开展评价专家一致性培训,保障评价质量。

(2) 受评价单位要对照专项评价标准,结合所申请评价事项的工作依据(如:内部规定、建设方案、工作计划、会议纪要等),做好与检查内容相关的项目资料、管理记录的收集整理工作,确保评价工作顺利进行。

8.3 监督评价

监督评价是对各单位资产全寿命周期管理体系运行情况开展的现场审核,评价目的是验证资产全寿命周期管理工作推进情况和体系运行改进效果。

1. 评价安排

(1) 监督评价内容原则上在一个评价周期内保持不变,在新的评价周期内可根据上一个周期体系运行情况及评价结果进行调整,具体评价内容将在"年度评价工作方案"中明确。

(2) 监督评价以3年为一个周期,覆盖全部省(自治区、直辖市)电力公司。考虑区域特点、资产规模、以往接受评价频次等因素,确定各单位接受监督评价年份,无特殊情况,不再调整,后续评价周期依照安排,确保各单位每3年接受一次监督评价。

2. 评价内容

(1) 资产全寿周期管理体系运行

结合体系日常评价发现,有针对性地开展现场跟踪核查,并从目标决策、管理绩效、监测改进、基础支撑等方面,验证各单位资产全寿命周期管理体系运行效果。

(2) 专业协同管控

以工程项目过程管控为切入点,结合"五好"设备要求,核查规划设计、物资采购、工程建设、运维检修、退役处置等环节资产管理情况,关注设备全寿命周期信息的关联性及可追溯性。

3. 评价要求

(1) 评价组要做好评价前的策划工作,编制监督评价工作所需的各类文件模板,开展评价专家一致性培训,保障评价质量。在监督评估过程中严格遵守工作纪律，按要求开展现场评价，掌握评价标准，客观反映评价情况，确保评价效果。

（2）受评价单位要对照监督评价标准及工作依据（如：内部规定、建设方案、工作计划、会议纪要等），组织做好与检查内容相关的项目资料、管理记录的收集整理工作，以便现场评价时，能够及时查阅到相关资料。

8.4 实物资产评价

根据电网实物资产评价工作的特点，重点围绕省公司电网实物资产基础数据报送、电网实物资产分析评价报告编制进行审查、评价，以促进基础数据与分析评价质量的提升，推动评价结果在资产管理决策中的有效应用。

1. 评价安排

每年6～7月，公司各单位完成电网实物资产基础数据报送工作；8月，完成年度电网实物资产分析评价报告编制并提交。10月，国网经研院组织对各单位电网实物资产评价质量进行评审。

2. 评价重点

（1）基础数据

根据各单位基础数据汇总表及其报送时间，重点检查数据报送的及时性及数据质量，包括数据的完备性和准确性。

（2）分析评价报告

根据各单位的电网实物资产分析评价报告及其报送时间，重点报告提交的及时性、内容的完备性、规范性、科学性及创新性等。

3. 评价要求

（1）评价组完成评价标准的策划，包括评价范围、评价内容、评价意见及评分标准等内容及文件模板，做好一致性培训，保障评价质量。评价专家严格遵守公司相关保密规定，提前熟悉评价标准、做好评价准备，客观公正地开展评价工作，确保评价效果。

（2）受评价单位要按照评价标准要求，及时提交相关数据材料与分析评价报告，配合评价工作开展，确保评价工作顺利进行。

第4篇

深化应用篇

第9章　信息数据管理

9.1 业务核查

9.1.1　状态监测

1. 状态监测的分类

实时监测、定期监测、不定期监测。

2. 状态监测的要求

公司资产、资产集状态监测的管理要求包括：

（1）综合考虑资产、资产集的监管成本、故障或风险程度，根据不同业务需要确定状态监测类型范围以及监测指标、频率。

（2）监测数据来源于本部门负责的设备资产运行信息，根据实际业务情况采用相应的数据收集、统计分析方法，以满足定性和定量的分析需求。

（3）各部门按业务要求收集记录相应的状态监测信息，并确保状态监测信息的正确性、完整性。

（4）各部门按照所辖资产设备，开展状态监测，根据设备状态监测周期，定期编写状态监测报告，上报实物资产归口管理部门，并经分管领导审批后，通过公文形式在公司范围内发布。

3. 状态监测的应用

状态监测的输出应用要求：

（1）与资产和资产集绩效评价相衔接，为其提供重要指标和分析结果，为状态检修等资产管理活动提供依据。

（2）对状态监测结果中存在的资产管理问题，开展问题成因分析，为纠正和预防措施及持续改进提供依据。

（3）对状态监测的有效性进行评估，对状态监测方式不断完善提升，并依据评价的结果开展持续改进工作。

9.1.2 绩效监测

1. 绩效监测的分类

（1）过程监测：对重要流程节点执行情况的监测。

（2）结果监测：对资产管理阶段性结果的监测。

（3）主动监测：对计划和非计划的实施安排及时进行监测，来确定与资产管理体系要求的一致性，并搜集那些通过被动监测不能被发现的资产管理体系问题的证据。

（4）被动监测：由一系列结构化响应组成，这些响应是对资产管理体系、资产或资产集的缺陷或者故障迹象做出的。这些迹象可以是资产的故障，或者资产未能按预期要求运行，也可以是资产管理体系本身不足的相关证据。

2. 其他控制要求

资产管理绩效监测与资产管理策略、目标和计划的制订紧密相连，并且起着至关重要的作用。通过监测分析资产管理目标完成情况，发现资产管理存在的问题，必要时采取纠正措施，为公司资产管理目标的实现、风险的管控、资产管理水平和绩效的不断提升提供有效支撑。公司开展资产、资产集和资产管理体系绩效监测的要求包括：

（1）确定监测方式、监测频率、数据来源、采集方法、统计分析要求等，从相关业务系统中采用系统集成和模板填报的方式。

（2）根据定性及定量分析的需求，建立并定义资产管理业务过程重要流程监测指标体系，确定其监测阈值和标准。

（3）每年对绩效监测的有效性进行评估，对绩效监测方式不断完善提升，确保绩效监测结果的质量，并依据评价的结果开展持续改进工作。逐步开展对业务执行效率及工作质量的定量评估工作，对重要流程节点执行情况进行常态监控，并根据监控情况不断优化及改进流程。

（4）公司开展资产全寿命周期管理绩效监测，资产、资产集及资产管理体系绩效的监控纳入公司运营监测（控）管理范围，监控、衡量、分析、评价资产、资产集、资产管理体系的效率及效益。

（5）对绩效监测结果开展问题成因分析，为纠正和预防措施及持续改进提供支撑。

9.1.3　业务信息监测

1. 故障管理

查看周生产安全例会材料(变电、输电故障信息)、月度运行情况(一次系统)、生产管理系统(PMS)故障信息;PMS故障信息能够与周生产安全例会材料、调控中心电网月度运行情况中的输变电故障信息一致,且PMS故障信息填写完整。

2. 缺陷管理

查看各单位技术监督明细、PMS缺陷信息;PMS缺陷信息能够与技术监督报告中通报的缺陷信息一致,且PMS缺陷信息填写完整。

3. 供应商评价

查看供应商评价信息、缺陷信息;PMS缺陷信息能够与PMS系统中供应商评价管理模块主观评价中的缺陷数量一致。

4. 调拨管理

查看省内、省外调拨计划、调拨月报、PMS调拨设备台账信息等;设备调拨台账信息能够与省内、省外调拨计划、调拨月报保持一致,且调拨资产账、卡、物信息发生异动。

5. 设备退役管理

查看退役计划、设备状态评价结果、退役处置意见、拟拆除设备清单、设备台账等;退役设备能够按计划在规定时间内完成退役手续,且符合相关退役流程,同时设备退役计划与设备状态评价结果、退役处置意见、拟拆除设备清单、设备台账等信息相匹配。

6. 新增资产管理

查看新投项目清单、PMS、企业资源计划系统(ERP)设备台账创建及转资情况。

9.2　账、卡、物核查

账、卡、物核查是电网资产管理的基础。资产管理的核心是科学合理的决策,决策依赖于对准确和充分的信息的把握。信息的准确性和充分性与账、卡、物一致性水平的高低直接相关,建立健全资产账、卡、物核查的长效管理机制,是电网资产管理的根本要求,是提升资产管理水平的必要条件。

9.2.1 基本原则

1. 基本定义

在电网企业,账、卡、物核查是指核查设备生产管理的物理信息(设备台账)、财务管理的价值信息(资产卡片)和设备自身三者之间是否相互对应、协调一致。为实现账、卡、物一致性而采取的各种措施及管理活动,称为账、卡、物核查管理。账、卡、物中的"账"指的是电网企业设备台账,主要包含台账PMS、台账ERP;账、卡、物中的"卡"指的是资产卡片,由财务部门负责管理(价值ERP);账、卡、物中的"物"指的是现场设备实物(现场实物)。

2. 账、卡、物核查原理

账、卡、物核查的关键在于要形成跨部门、跨系统的管理机制,以系统化观念为核心,实现账、卡、物核查的目标。

账、卡、物一致性的联动。设备台账与固定资产之间的联动,主要指对于满足条件的主设备,根据事先定义好的对应规则,在设备新增时,同步创建相应设备卡片和固定资产卡片,并将设备台账中的信息同步至设备卡片和固定资产卡片的相应字段。

明确账、卡、物对应规则,根据固定资产目录和有关要求,梳理生产管理系统设备分类、ERP系统设备卡片(PM)模块分类和资产卡片(AM)模块资产分类,要求生产管理、PM、AM等系统平台内设备卡片、资产卡片双向一一对应;明确转资规则,建立资产转资业务规范和账、卡、物一致性管理机制,稳步提升账、卡、物一致率;结合"五位一体"管理要求,优化完善项目设备固定资产报废、设备调拨、资产联动等管理流程;开展设备资产清理工作,清查盘点存量设备资产实物,实现存量设备资产数据对应;通过固化管理模式和流程,从而实施资产全寿命周期闭环管理。

9.2.2 现状分析

通过对资产形成形式和全寿命周期主要活动的分析发现,不一致形成的原因主要如下:在基建、技改等工程投运前,需要根据设备移交清册,结合现场设备盘点结果等在PMS系统中创建设备台账，设备运行参数、物理参数和拓扑关系等需要手工维护，工程建设竣工资料较多，涉及供应商较多，资料收齐周期长，容易导致参数填报错误、拓扑关系逻辑错误等问题，设备台账维护质量标准不高，台账维护工作效率低。

9.2.3　规范管理流程

1. 工程转资

工程完工后，在一个月内完成现场验收、实物盘点和财务预转资工作；工程管理部门尽快清理项目资料，按时完成项目结算；在此基础上，价值管理部门及时完成竣工决算和正式转资。按公司工程自动竣工决算工作统一部署，积极推动系统集成与应用，将价值管理关口前移，切实提高转资效率和数据质量。对超工期未转资项目，工程管理部门要组织加紧清理，尽快转资。

2. 理顺资产建卡程序

执行公司资产设备对应、固定资产记录信息标准等规范性要求，按实物管理系统(生产 MIS)设备台账—套装软件设备卡片(ERP-PM)—套装软件资产卡片(ERP-AM)的流程，建立资产卡片。项目完工验收后，实物管理部门负责组织及时在相应实物管理系统中建立设备台账，规范记录信息，经实物和价值管理部门审核后，在ERP中分别集成联动生成设备卡片和资产卡片。

3. 规范用户资产接收

对于符合接收条件的用户资产，按公司既定意见加快接收，规范办理资产入账和建卡手续，并适应输配电价核定要求，区别自建固定资产进行单独表示。

4. 资产运行管理

资产发生调拨、技改等实物变化时，资产管理部门及时在实物管理系统中更新设备台账信息，并对技改后的资产使用年限进行复核评估；在此基础上，经实物和价值管理部门审核，分别联动更新设备卡片和资产卡片，确保资产设备信息与现场实物状况保持动态一致。

5. 准确反映性质变更

用户资产接收后实施了更新改造、报废替换的，转作自有资产管理，并相应变更设备和资产卡片记录信息。逾龄资产实施技改延长了使用寿命，实物管理部门对技改后的资产使用年限进行复核评估，并将该资产转作非逾龄资产管理。

6. 落实受托运维责任

对于委托运维和租赁经营资产,受托(承租)单位按照有关合同约定,负责固定资产的使用保管和定期清查,确保资产安全、完整。

7. 资产退出管理

合理确定处置方式。因负荷迁移、线路改建、技术改造以及自然灾害等原因导致电网资产退出或毁损的,实物管理部门及时组织开展状态评估,根据评估结果合理确定转备品备件、再利用、退役报废等处置方式,在实物管理系统中及时更新信息,并触发设备卡片和资产卡片的联动更新。

8. 加强退役设备再利用

加强拟退出资产的再利用管理,对于经维护、调拨、变更用途可继续使用或部分使用的,通过拆除转备品备件或调整再利用等方式延长使用寿命、提高使用效率,夯实有效资产基础。

9. 强化资产报废管理

对于经鉴定无使用价值的退出资产,实物管理部门及时履行报废审批程序,并在实物管理系统中更新设备信息;物资部门做好废旧物资处置工作,提高处置效率,并将报废回收的残值信息对应到资产卡片,及时、准确地提供给财务部门。

9.2.4 提升措施

数据清查工作思路以建立设备资产统一目录为核对依据,以设备台账为基础,以实物为准,按“升级台账,账、卡一致,账、实一致,卡随账动”的原则,分步骤实现存量资产的实物清查,清理设备台账和资产卡片对应关系,在实物管理系统和财务管理系统中,将资产信息核对清晰,实现资产管理实物流、信息流、价值流的统一。

(1) 明确职责分工。各单位及所属单位实物资产管理部门应按月组织实物资产新增、退役及再利用的账、卡、物一致性核对工作,按季组织设备评价中心抽查电网资产设备台账与资产卡片的一致性情况。对于委托运维的电网资产,各委托运维单位应配合资产所属单位开展账、卡、物一致性核对工作。各单位及所属单位实物资产管理部门应负责牵头做好电网资产投保工作;对于发生涉险的电网资产,使用保管单位及时将出险资产情况报告资产所属单位财务资产部门，并配合现场查勘及有关索赔资料的准备。按公司固定资产管理办法、实物资产管理办法中的职责分工，明确部门职责，强化责任落实。

（2）优化设备前期设计。在设计阶段，依据基建工程三维设计成果，基于标准CIM模型，自动形成电气设备层次树及拓扑图；参照物料编码与资产卡片对应关系，预生成全站设备实物“ID”。

（3）设备清册移交“数字化”。建设阶段，通过扫描设备实物“ID”，核对到货设备与采购订单物料一致性、物资技术参数维护情况，与设计、施工资料及试验报告形成“数字化”验收移交清册。

（4）全自动生成图形台账。根据验收移交清册相关资料，利用电网设备E码通APP，实现现场盘点校核，确认设备安装物理位置，核对并调用电子商务平台（ECP）微应用中供应商维护的技术参数，并与设备电子铭牌关联后，在PMS中建立准确拓扑关系的设备树及设备台账，完善设备运行参数后，一键导入贯通，形成完整的设备台账，提升台账信息的准确性。

（5）依托实物“ID”，结合电力物联网建设，搭建实物状态及业务信息实时反应通道，挖掘业务执行信息，梳理诊断资产寿命全过程中的账、卡、物一致性管理缺失点，寻求管理提升与持续改进方法。

9.2.5 建立长效机制

1. 建立科学的指标考核机制，定期进行指标考核

公司各部门与基层单位各部门之间完善沟通协作机制，针对重点、难点等历史遗留问题处置过程进行跟踪，各单位业务部门均指定专人负责专项工作，实时统计资产管理过程中出现的问题，上报上级部门研究解决。

2. 定期开展资产清查，防止盘点过场

根据资产对应规则及问题数据处置原则，处理清查工作中遗留的移交类资产等难点问题。该工作安排在资产移交部门提供完整的移交资产清单等材料或中介资产评估机构出具资产评估报告后。

3. 完善资产编码对应规则，扩展资产清查范围

依托公司现有系统和公司清产核资工作位契机，完善公司原有设备资产对应规则，扩展资产清查范围。

9.3 过程管控

业务管理信息监测是对各单位资产全寿命周期相关业务管理系统中的信息进行在线核查，监测内容包括业务过程信息、关键指标以及实物"ID"应用情况等。每年根据业务系统功能实现情况、系统应用情况以及上一年度监测结果对监测内容进行调整。

9.3.1 资产管理"三流合一"

国家电网公司构建实物流、信息流、价值流"三流合一"的资产全寿命周期管理业务流程，强化业务流程衔接关系，实现流程畅通，形成各业务横向协同、纵向贯通的高效运作体系。

1. 全面深入开展流程诊断分析

（1）建立流程分析诊断模型

根据流程诊断与优化的目标要求，国家电网公司结合其资产全寿命周期管理的具体特点，建立基于全寿命周期理念，包含流程优化标准、流程结构分析、流程运转分析3个层次的资产全寿命周期管理流程分析诊断模型，从流程的管控模式、信息共享、管理方法、制度标准4个维度进行流程的运转分析。

（2）建立流程优化判断标准

明确实施资产全寿命周期管理是将资产规划计划、采购建设、运行检修、退役处置各个阶段的实物流、价值流和信息流统一到资产全寿命周期管理流程中，构建"三流合一"的工作模式，形成闭环管理机制，实现资产全寿命周期管理在整个寿命周期的优化。通过完善的流程衔接将资产的实物流、价值流、信息流"三流合一"作为判断资产全寿命周期管理流程是否实现优化的标准和依据，从流程结构和流程运转两个方面进行资产全寿命周期管理的分析诊断。

（3）开展流程诊断分析

根据规划计划、采购建设、运行检修和退役处置阶段的业务内容，梳理出资产全寿命周期管理主要业务流程，基于全寿命周期分析模型，对总体流程进行诊断和分析，发现业务流程中存在的需要改进之处。国家电网公司开展的流程运转分析，从流程的管控模式、信息共享、管理方法、制度标准4个维度对总体流程的运转进行诊断和分析，从而发现问题，寻找差距。

2. 建立“三流合一”的业务流程体系

按照目标、计划、执行、检查、纠正的基本要求，明确资产全寿命周期管理业务范围及业务间协同关系，形成覆盖全寿命周期各阶段、各环节的资产全寿命周期管理业务体系。资产全寿命周期管埋业务体系包括策略目标管理、关键业务管理、评价管理、持续改进管理、基础管理支撑。

建立涵盖规划计划、采购建设、运维检修、退役处置4个阶段，横跨发策、基建、物资、调度、运检、营销、财务7大核心业务部门，包含79个纵向贯通、横向协同的流程节点的资产全寿命周期管理实物流；建立资产全寿命周期管理价值流，明确资产形成过程中的财务关键管控点，定义寿命周期成本的构成及形成过程；建立资产全寿命周期管理信息流，明确各流程节点定义完整的信息清单；根据资产全寿命周期管理策略和资产全寿命周期管理业务活动要求，实现基础信息的共享及衔接。总体流程如图13.1所示。

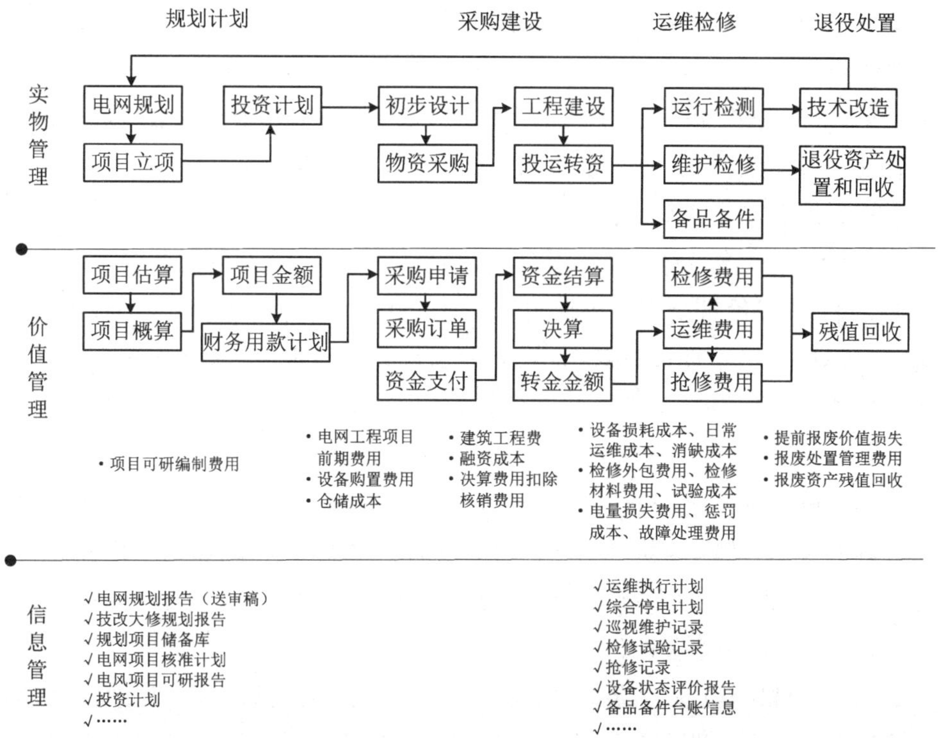

图13.1　资产管理“三流合一”流程简图

3. 构建"三流合一"融合管理模式，提升资产管理水平

供电公司电网设备资产分布点、多面广，从设备投产到退役报废周期跨度大，设备类型和运行环境多样复杂，因而实现电网设备台账、资产卡片和现场实物三者之间的贯通一致面临着较大的困难。电网企业传统采用的是条块式职能化的设备管理：在设备采购阶段，物流服务中心将其作为物资进行管理；在生产运行阶段，生产部门从设备检修、维护、保养角度将其作为设备进行管理，而财务部门则从价值的角度将其作为资产进行管理，各部门管理重点不同，管理细度和分类口径都不尽一致，业务模块之间缺乏衔接，甚至部分设备、资产的命名也会存在不同的情况，一旦出现设备资产的新增和变动往往造成账、卡、物不一致的情况，导致实物和价值脱节，资产管理部门也就无法全面、准确地掌握公司设备资产状态的变化，造成决策困难，可见，这种传统的设备资产管理模式已经无法满足公司所拥有的庞大的设备资产管理的需要。因此，满足不同部门之间的管理要求，消除传统设备管理带来的弊端，建立全新的贯穿设备全生命周期的管理模式，成为供电公司亟待解决的重要管理问题。根据资产全寿命周期管理理念，借助先进管理观念和技术手段改善设备管理现状，实现设备资产实物管理和价值管理高度统一，构建实物管理、价值管理、信息管理"三流"融合的管理模式，进而提高电网资产精益化管理水平，为电网企业投资和管理导向提供更坚实的资产基础。

实施重点及管理举措：

（1）统一整体目标，建立闭环管控策略。供电公司设备资产管理以资产系统为平台，以设备全寿命周期闭环管理为主线，从资产计划开始分析，到采购、安装等过程，中期以设备运维，后期以设备退役报废，综合这几个主要过程中的成本费用及设备健康状态信息，并将其纳入综合管理，体现在信息系统中，实现了资产综合管理在成本、风险、绩效的最优组合。

实施电网资产全寿命周期管理，首先要做的就是要统一整体目标，建立整体计划的机制，从设备资产从投运到退役的全过程出发，聚焦电子化移交、生产运行、退役报废的关键流程节点，研究建立账、卡、物一致"监控—通报—评价—提升"的闭环管控策略。

（2）业财协同，横融纵推，实现"三流合一"。通过组织部门之间的协同合作以及全过程、闭环的业务流程管理，以标准管理及协同管理两大方法，构建以实物管理、价值管理、信息管理"三流"融合为最终目标的资产全寿命周

期协同模式管理框架。

(3) 部门协同,多措并举,清查存量资产无死角。全面有效开展资产清查,是做好账、卡、物一致性的重要保证。深入现场,全面清理,实行实物资产和设备的有机衔接。集中办公,业财互助,实行设备信息与财务信息有机统一。

9.3.2　基建项目过程管控

1. 项目进度计划编制

依据《国家电网公司输变电工程进度计划管理办法》,下半年度,在开展综合计划编制工作的同时,公司建设部组织开展下一年度进度计划编制工作。

每年年底,公司建设部以综合计划项目预安排计划为基础,细化编制下年度第一季度开工投产项目进度计划,经公司审批后,下达第一季度开工投产项目进度预安排。

公司建设部配合公司发展部编制年度综合计划,确定年度建设项目、规模及开工投产计划安排。根据综合计划,公司建设部完成年度进度计划建议稿的编制及上报。

进度计划编制需充分考虑项目前期、工程前期工作时间及进展情况,项目前期的可研评审、核准;工程前期的初步设计招标、初步设计评审、物资招标、施工及监理招标;以及工程建设阶段的开工、投产等节点,严格遵循基本建设程序,合理制订计划开工时间。同时也要考虑外部环境、建设规模、招标采购及设备物资生产供应合理周期、初设评审及批复周期、施工难度、停电安排等因素,把握开工节奏,保证工期合理,实现均衡投产。

建设项目进度计划编制需遵循"依法开工、有序推进、均衡投产"原则,以进度管理为主线,通过计划、组织、控制与协调等管理手段,有序推动工程建设,实现项目建设目标的全过程管理。

2. 工程实施

依据《国家电网公司输变电工程工期与进度管理办法》的要求,公司建设部负责所辖输变电工程的建设管理,负责工程建设阶段的组织协调工作。建设管理单位负责工程建设阶段的具体实施工作,并组织参建单位按计划开展工程建设。

建设管理单位在开工前落实综合计划安排、项目核准、初步设计(预)评审意见下达等重点管理要求,核实开工条件,报送项目法人单位批准开工。各级基建部门协调物资、调度、生产部门,统筹物资供应及停电计划安排,按目标计划对工程建设阶段关键路径加强管控,满足进度计划要求。建设管理单位及时报送项目开工、投产等项目进度计划实施信息,准确反映现场进展情况。

依据《国家电网公司输变电工程建设监理管理办法》,输变电工程建设监理实行总监理工程师负责制,建立以总监理工程师为第一责任人的监理管理体系。输变电工程建设监理依据国家有关法律法规、监理合同和公司制度,通过文件审查、签证、见证、旁站、巡视、平行检验等监理手段,开展监理检查,对施工全过程进行有效控制。

3. 竣工验收

依据《国家电网公司输变电工程验收管理办法》要求,项目单位接到项目验收申请后,向工程施工、监理、设计等相关单位发送验收通知,同时组织财务、安监、运检、建设、调度等相关单位验收人员提前审查相关验收资料,做好验收准备。

竣工验收分为施工单位自检验收、预验收、正式验收3个阶段。工程竣工后,施工单位先组织其内部自检验收,自检验收通过后连同相关单位验收人员进行预验收,预验收通过后进行正式验收,正式验收为自检验收、预验收后且遗留缺陷全部处理后的最终验收。

限上项目原则上由国家电网公司总部组织验收,也可根据实际情况委托公司组织验收;重点项目原则上由公司组织验收,也可根据实际情况委托各单位组织验收;其他项目各单位可自行组织验收。工程验收分为自检验收和竣工验收2个阶段,需依据国家及行业有关法规、标准和规程、工程设计文件、技术协议、监理报告、批准的变更文件、竣工验收申请等组织开展。

对于现场验收发现的问题,施工单位于当天及时处理。对于验收当日无法解决的问题,项目单位明确整改内容、责任单位、监督复查单位及时间要求,保证验收成效。依据《国家电网公司工程竣工决算管理办法》的要求,按工程竣工验收有关规定组织竣工验收,验收不合格的工程或设备不得投产。各单位按有关规定,做好竣工结算/决算、财务报账、固定资产卡片的修改或新增、建立设备台账等工作。

9.3.3　技改大修项目过程管控

1. 技改大修工作基本要求

技改大修是现役电网设备更新、改造、整治最有效的途径，在提高电网设备装备水平、电网网架优化发挥着重要的作用。但随着国家电网公司"三集五大"及"两个转变"工作改革理念的深入推进，赋予技改大修工作更多的内涵，可以积极促进技改大修工作真正发挥其对电网设备的升级、完善作用。

技改大修应做到"四个必须，四个优先"的工作要求：

(1) 项目前期必须扎实有效。将大修、技改工作重心从过程组织、协调向大修、技改项目前期策划、组织、审核、技术把关转移，若要使技改大修工作及时、有效、有针对性的发挥作用，就必须对现役设备装备运维过程中存在的缺陷、隐患、异常等工况进行全面了解，在此基础上对设备的技术改进及大修整治工作提出方案并加以论证，否则技改大修项目的确定就缺乏针对性和有效性，为此认真做好技改大修工作的前期工作十分重要，这要是做好技改大修工作的前提。

(2) 项目过程必须要标准规范。技改大修项目的组织实施，要借鉴基建标准化管理的思路，使技改大修项目管理向精细化管理的方向靠拢。目前本公司技改大修项目实施主要是依赖于现场施工人员的"自主约束和管理"以及现场监理的监管，施工安装工艺、施工现场资料等没有像基建工程一样提出明确、严格的标准和要求，因此在现场实施过程中存在一定的随意性和不确定性，致使技改大修项目总存在着管理、实施等方面的漏洞。为此，在今后的技改大修项目管理中需按基建标准化管理及基建管控的要求，尝试性地开展"达标创优"等活动，进一步细化工作流程，明确工作时间节点，明确各环节工作技术标准，切实加强和落实全过程管控，最大限度地提高电网装配水平的同时使存在的设备隐患得以及时整治和消除。

(3) 电网设备技改大修工作必须以技术原则、标准为先导，且要因地制宜。技改大修工作不同于新建和规划工作，它是对已有电网网架结构及设备现状存在的隐患、缺陷及问题的整治和完善，且是在多年电网设备运维管理及事故、故障代价的情况下不断提炼和总结出来的，因此必须要有一个适应于网省区域电网设备的技改大修工作的技改标准和原则，来规范指导全公司技改大修工作，且此技术标准和原则要随着社会发展、时代进步，电网设备装备水平更替要适时滚动修编，尤其是设备装备技术标准和原则必须是明确规范的，以此指导和规范全网技改大修工作，使技改大修工作在标准的指导下适度超前研究分析，做好项目的储备，真正做到“对症下药、有的放矢”，将有限的资金真正用在急需解决的电网网架结构改善、设备隐患整治的工作上，避免出现“一刀切”的现象，防止出现重复投资和浪费。

(4) 电网技改大修工作必须循序渐进且要有重点，必须同国家宏观经济调控及民生政策相适应，其中要做好“四个优先”，必须优先考虑国家和行业已经明令淘汰更新的设备安装改造更新的技改大修工作；必须优先考虑影响环境保护及节能减排国家政策规定实施的设备装备改造更新；必须优先改造危及和影响电网经济、安全及可靠用电、出力环节设备隐患的整治；必须优先考虑关乎地区国民经济发展及民生用电、供电环节电网网架改善、负荷分配调整及设备重大隐患的整治。

2. 技改大修计划实施

依据《生产技术改造工作管理实施细则》要求，生产技术改造项目由公司本部和各单位按照资产归属分别负责管理，项目单位负责具体实施。

生产技术改造项目需加强工程安全、质量、进度管理，严格控制造价。项目单位需确定工程项目质量和安全管理目标，督促施工单位建立健全质量和安全保证体系，严格项目质量过程控制和项目验收制度，对重大项目实行跟踪督导。

项目单位需加强施工单位管理，严格进行外包施工单位资质审查，并将其安全管理纳入本单位安全生产管理体系统一管理。项目单位负责组织施工图设计、施工组织措施、施工方案审查。生产技术改造外包项目需严格执行工程监理制度，监理单位需具有国家有关部门认可的乙级及以上的监理资格。监理人员需具备相应资质，持有监理工程师资格证书或经国家有关部门认定的培训单位培训并取得合格证书，严禁监理人员无证上岗。限下外包项目可通过打捆招标以总包形式进行工程监理；非外包项目实行班组、车间(工区)、项目单位三级验收。建立参建单位工程质量领导人责任制。勘察设计、施工、监理等单位的法定代表人，要按各自职责对所承建项目的工程质量负领导责任。项目单位需按照公司合同管理规定，加强项目合同执行的检查、监督、考核。

3. 竣工验收

技术改造工程、设备大修项目、输变电建设工程的验收由各单位主管部门组织,施工单位、运行维护单位、安监、建设、调度等有关部门人员参加。验收不合格的工程不得交付生产、运行、使用。

对于技改大修项目现场验收发现的问题,施工单位应于当天及时处理。对于验收当日无法解决的问题,项目单位明确整改内容、责任单位、监督复查单位及时间要求,保证验收成效。

依据《国家电网公司生产技术改造项目竣工决算管理办法》的要求,各单位按工程竣工验收有关规定组织竣工验收,验收不合格的工程或设备不得投产。在技改大修项目竣工验收后做好竣工结算/决算、财务报账、固定资产卡片的修改或新增、建立设备台账等工作。

第10章　关键环节应用提升

资产全寿命周期管理作为一种新的资产管理理念正逐渐被电力企业所关注、接受并逐步推广。将企业原有的资产管理模式转变为LCM将牵涉很多方面，是一项跨部门、跨专业领域、复杂的系统工程。因此需要寻找合适切入点，通过试点项目，使LCM的管理理念、方法能被企业各层人员所理解和掌握，通过总结、提炼，形成企业的管理规定、制度、方法，乃至提升为企业标准，使LCM在企业资产的日常管理中逐渐得到全面、深入的开展。

围绕“建设具有卓越竞争力和持续生命力的资产全寿命周期管理体系”的长期目标，在保持资产全寿命周期管理体系高效运行的基础上，以设备为核心，以设备管理高质量发展为主线，聚焦“选好设备、招好设备、造好设备、装好设备、用好设备”，落实国网公司提质增效工作要求，以实现资产安全、效能、成本综合最优为目标，加强各环节设备管理提升及各环节通用技术方法应用，总结资产管理重点课题提升经验，推进体系运转与实际业务深度融合，有效提升资产运营质效。

10.1　规划设计环节深化应用

10.1.1　规划环节重点工作要求

1. “十四五”规划

在“十三五”规划执行情况的基础上，结合生产运行实际，增强优化配置资源能力，提升效率效益，科学编制“十四五”电网规划。应用电网实物资产评价成果、项目造价分析结论等，运用资产墙预测方法，合理估算投资规模，结合各设备管理专业重点工作方向和步骤，编制公司“十四五”生产技改规划。修编生产技改大修原则，完善各专业管理定额，按照地市级公司、电压等级、设备类型明确规划颗粒度，确保规划与计划的对应关系，规划投资全额纳入有效资产。

2. 电网规划

（1）电网规划：贯彻落实国家长三角区域一体化发展战略，开展“放管服”职能承接情况评价，加强规划与生产运行的协调，推进通用设计的动态更新，推动公司发展重大项目、各专项电网投资纳入国家和省能源电力规划。

（2）设计比选：深化项目规划设计比选工作，加强主配联动，充分运用LCC方法开展多方案比选工作，促进比选方案安全、效益、成本综合最优，为电网规划设计优化决策提供依据。

（3）项目前期：推进运检专业深度参与工程项目前期管理，建立有效的设备信息反馈机制，实现设备运维相关信息向规划设计前端反馈，确保规划设计选好设备满足后期运维要求。

3. 项目立项

（1）项目可研：落实可研初设监督要求，提升项目可行性研究的准确性，为项目建设实施提供指导，减少项目损失，提升项目实施的安全性。

（2）投资估算：贯彻“投前看能力”“投中靠预算”准则，加强投资能力管控，推进电网投资策略建议修订工作，加强投资预算预控目标管理，确保投资资金有来源，保障投资预算与项目资金相匹配。

4. 投资计划

（1）项目决策分析：落实强化“目标引领、问题导向”原则，坚持挖潜和问效相结合，减少电网项目重复改造，推动发展质量和投资效率效益提升。

（2）项目优先级排序：统筹考虑项目的投入产出效益，加强技术经济分析应用，推进项目排序综合评价指标体系构建，加强项目优先排序，切实提升公司投入产出效率。

（3）投资计划编制、下达：落实电网经济性和投资策略研究要求，多维度构建精准投资评价指标体系，强化投资风险管控，提升综合计划与投资预算联动水平，确保投资与能力相匹配，重点解决骨干网架和配电网两头薄弱问题。

5. 项目后评估

强化项目后评估工作，改进决策和管理服务水平，提升项目实施质量、安全、效益等，减少后续项目实施过程中遇到的问题、风险，提升项目经济性及公司收益。

10.1.2 往期资产管理深化应用成果

1. 往期省公司资产管理深化应用及课题案例

(1) 开展规划基建与反措要求的差异化分析研究

运用全寿命周期成本管理理论和方法,研究将反事故措施同步纳入设计、规划、建设等标准。梳理当前各类电网、设备反事故措施落实的难点,开展溯源分析,比照反措要求与规划设计、基建安装相关标准的差异性,统一基建和生产的相关标准,推动相关国家及行业标准的修订,强化电网本质安全;选取若干典型的技术标准差异点,针对技改的两类方案进行运行标准全寿命周期成本分析,论证不同场景下的工程实施建议;选择地域特殊、高海拔等工程为试点,研究相关基建与运检之间的差异化条款,从源头落实资产全寿命周期管理的要求。

(2) 超前规划全省电力工业发展思路转变

在经济换挡至持续中高速增长、能源生产消费清洁化要求趋紧、煤炭供需格局转变、水资源和环保压力加大等多方面新形势下,中长期电力工业发展如何定位亟待超前谋划。在省公司发展部指导下,省经济研究院立足能源经济专业研究队伍,协同经济研究院、大学以及地市经济研究院等研究机构,共同开展中长期经济社会发展、能源电力供需和发展规划课题研究。以经济发展阶段理论为依据,以定量分析模型为手段,从能源供需平衡、可再生能源配额指标以及环保空间等多维度,分析论证转变传统以省内资源市场为主导的电力工业发展思路的必要性和重要性。研究结论为省政府能源电力发展战略决策提供直接技术支撑,同时,逐步形成能源电力发展规划研究的协同工作机制。

工作流程如下:

流程1:由省能源局、省公司发展部部署工作,或经济研究院(以下简称“经研院”)自主立项;

流程2:依托省经研院开展中长期全省和地市经济社会发展研究;

省经研院借助省经研院专业研究实力,开展全省中长期经济社会发展阶段及生产力与城镇化在各地市布局预测研究。

流程3:省经研院能源经济专业队伍依据全省经济社会发展预测,开展全省电力需求预测工作;

省经研院基于省经研院研究结论,采用产值单耗、弹性系数和人均用电量等传统方法以及经济电力传导、能源电力发展情景模型等创新方法,有效把握全省中长期电力需求。

流程4:省经研院借助经研体系,组织开展重点行业调研和地市电力需求预测,与全省预测结论相互验证;

省经研院同步组织地市经研所开展重点行业调研,并反馈省经研院对各地市经济社会发展判断,指导开展地市电力需求预测。

流程5:省经研院能源经济专业队伍构建电力工业发展思路定量研究工具;

省经研院利用前期能源经济领域研究成果,同时借助大学在煤炭、油气发展的专业化研究,构建省能源电力发展长期能源可替代规划系统(Longrange Energy Alternatives Planning System,LEAP)情景模型。

流程6:合理设定省电力工业发展情景,借助LEAP模型多角度开展电力工业发展思路研究;

合理设定电力工业发展情景,基于最大化可再生能源开发利用,根据全省电力需求开展电力电量调峰平衡工作,确定全省电力装机规模,输入LEAP模型,开展能源供需、可再生能源配额以及环保压力等方面的分析。

流程7:以多维度定量结论为依据,论证并提出省电力工业发展思路。

实践效果如下:

① 全省能源经济研究工作初具专业协同体系。

中长期电力工业发展思路研究工作,再次强化了全省能源经济研究工作的系统化和协同性,形成了以省经研院为牵头方、省经研院和大学为长期合作方、地市经研所为协助参与方的4支专业化队伍的协同工作体系,为逐步完善对省能源电力发展的前瞻性判断和科学规划提供了强有力的支撑平台。

② 省经研院能源经济专业化研究实力已得到高度认可。

经过不懈努力,省经研院打造出能源经济领域专业化核心研究队伍,研究实力已得到省公司发展部和省能源局高度认可。在省公司发展部和省能源局指导下,先后开展了电源发展规划、地区调峰电源规划、省远景能源及电力发展情景研究、省受电规划研究等多项科技项目或专题研究。受省能源局委托，此次开展的“十三五”能源发展思路和中长期电力工业发展思路研究成果直接作为“十三五”能源发展规划和电力发展规划编制的重要参考依据，直接支撑省政府能源电力发展战略决策。

③ 研究结论有力支撑超前谋划全省电力工业发展思路转变。

多维度定量分析论证，充分把握了我省中长期电力工业发展趋势，在能源供需平衡压力巨大、可再生能源消费提升空间有限以及环保压力不减的中长期大趋势下，电力工业发展思路转变需要超前谋划，应逐步向省内、省外两个资源市场并举、更清洁、更安全和可持续的发展思路转变。

2. 往期地市公司典型经验案例

构建规划一体化的综合计划全过程管理体系。

国网某供电公司按照网省公司“大规划”体系建设工作部署，认真贯彻“四个一”（“管理一个口”“规划一个本”“计划一条线”“信息一平台”）的工作方针，结合本单位实际，不断创新“大规划”工作机制，以突出规划引领、规范项目储备、强化计划管控为主线，建立健全规划计划一体化管理，通过对规划的全口径项目从立项、可研、评审、批复、招标、入账，到开工、建设、投产等环节的全过程管控，杜绝各专业交叉重复立项、违规储备项目、违规开工建设、建设进度滞后、入账超期等现象，从而扭转了以往项目论证不充分就列入计划的现象，各单位上报调整需求就下达调整计划的订书机状况，并通过“正向追踪”和“逆向溯源”，使计划项目在“前端”得以有效控制，改变了以往在“后端”被动调整项目计划的情况，实现了从立项储备、计划下达，到执行的公司综合计划全过程闭环管理，在规范项目储备论证，确保在计划的科学性、完整性和一致性方面探索出一条行之有效的管理方法，有效提升了公司管理水平和电网运营效率，进而推进公司电网发展方式的转变。

规划计划一体化的管理范围是综合计划发展投入类项目，包括规划和地方经济社会发展规划的对接，电网规划编制，规划项目库建立，项目前期开展并落实外部建设环境，经研所编制项目可研，可研完成并获得批复的项目进入项目储备库，按照轻重缓急进行项目排序并据此以公司办公会议的形式综合平衡、编排项目投资计划建议，上报省公司审查，上级主管部门审定后予以批复，最后公司根据计划性质进行分解下达，各项目管理部门按计划进入实施阶段。

3. LCC在规划比选上的应用

（1）案例1:某新区20 kV网架配置方案

某新区是未来国内某二线城市行政中心、商业中心、高校集中区、高品质住宅区,发展定位高,在该市政府全面建设的带动下,综合配套设施进入全面建设阶段。该区域定位为A类高可靠性区域,是全国少数20 kV试点区域之一。运用全寿命周期成本分析进行比较分析,选择最佳的20 kV配电网规划设计方案。

20 kV配电网的特点有:

中压配电网是连接上游高压输电网和亿万终端用户的重要环节,目前,中国主要采用的是10 kV、35 kV电压等级,其中最大量的是10 kV配电网络。但是随着近年来中国社会经济的迅猛发展,用户用电需求急剧攀升,原有的10 kV配电系统显现出容量小、损耗大、供电半径短、占用通道、占用土地多等劣势,配电网建设与土地资源利用的矛盾日益突出。20 kV配电网可以克服10 kV配电网技术上的不足,又有投资少、能耗低的经济优势,不仅可以解决目前中压配电网供电能力不足的问题,而且还有利于电网的节能降耗,具体的优势和特点有以下几个方面:

① 能满足多回路、高可靠性的要求,减少电能损耗。以采用相同导线输送相同功率电能为例,20 kV线路可降低损耗75%。与原有作为城市中压配电网主力的10 kV电压等级相比,20 kV供电半径增加60%,供电范围扩大1.5倍,供电能力提高1倍,输送损耗降低75%,通道宽度基本相当,在输送功率相同的时候,可以大量减少变电站和线路布点。

② 对于较大容量的客户可以减少投资、节约土地,并且提供最优化的供电方式。按照2020年的电网目标网架,中新区目标网架采用20 kV方案需设110 kV变电站17座,而采用10 kV方案需设110 kV变电站32座,可节省土地约4.39×10^{4} m^{2},节约用地约41%。

③ 送电能力是10 kV线路的约2倍,供电范围是10 kV线路的约2.5倍,节约投资、节能降耗优势明显。本市现有20 kV在役线路62回,20 kV电网的运行实践表明,在送电距离相等的情况下,相同导线的20 kV线路的送电能力是10 kV线路的2倍,供电范围是10 kV线路的2.5倍。

新区内110/20 kV变电站每千伏安的造价比110/10 kV变电站低24.5%,

而容量大1.58倍；20 kV设备虽比10 kV设备贵1.1～1.2倍，但按容量考虑，除了配电变压器外，其他设备每千伏安的价格都较10 kV的小；20 kV供电方案的线损率比10 kV方案降低0.723个百分点，每年可以减少电能损耗4.826×10^7 kV·h时，相当于节约标准煤约1.9×10^4 t，由此可见应用20 kV供电节约投资、节能降耗效益可观。

④ 对偏远农村地区供电的优势潜能巨大。采用10 kV长距离供电的偏远农村地区存在损耗和电压降过大的问题，20 kV供电还可以发挥在低负荷密度地区长距离输送的优势。

规划方案比选如下：

方案1：新建1个系统开闭所和现有的XX1路开闭所、XX2路开闭所及已有电缆线路形成一个双环网。以XX3路开闭所、XX4开闭所、两个新增系统开闭所形成另一个双环网。新建20 kV系统开闭所3座，负荷开闭所12个，20 kV线路32 km。具体见图10.1方案1接线示意图。

方案2：新增1座系统开闭所形成一个双环网。以XX1路所、XX2路所、XX3路所、01变、新增2座系统开闭所形成另一个双环网。新建20 kV系统开闭所3座，负荷开闭所12个，20 kV线路37 km。具体见图10.2方案2接线示意图。

规划方案分析：

从方案实施难度及投资角度看，方案1、方案2线路长度基本相同，且途经道路均已预留电缆排管，两种方案的线路建设成本基本相同。

系统开闭所需配置4回进线电源，12回出线间隔，不设配变和低压分配。负荷开闭所配置2回进线电源，8回出线间隔。20 kV电缆选用YJV22—3×300型。

技术比较分析：

对于该新区内两个方案的基本参数、建设成本、停电时间计算详见表10.1。

由表10.1可以看出，两种供电模式在技术评价的结果差异不大，因此在本次两种方案进行经济性比较时，可将技术系数忽略。

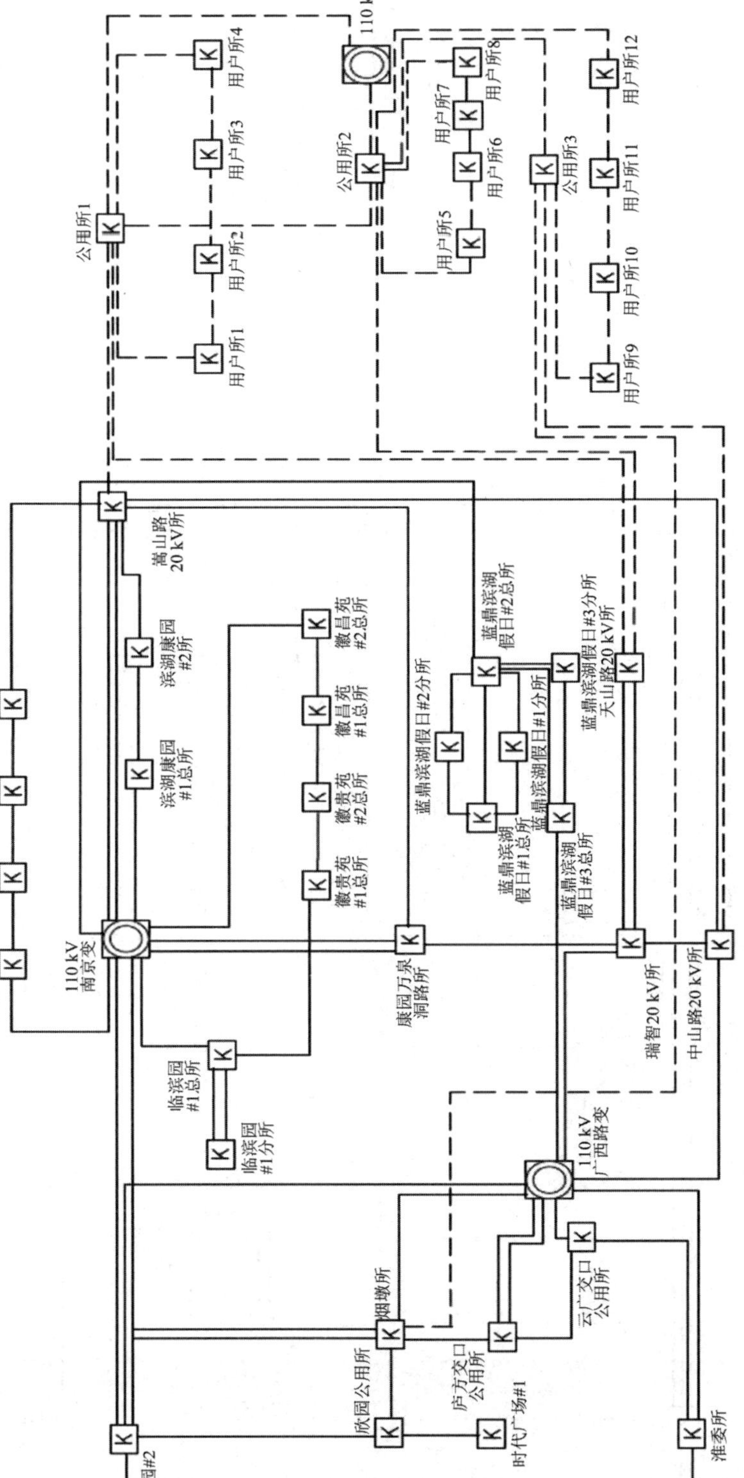

图10.1 方案1接线示意图

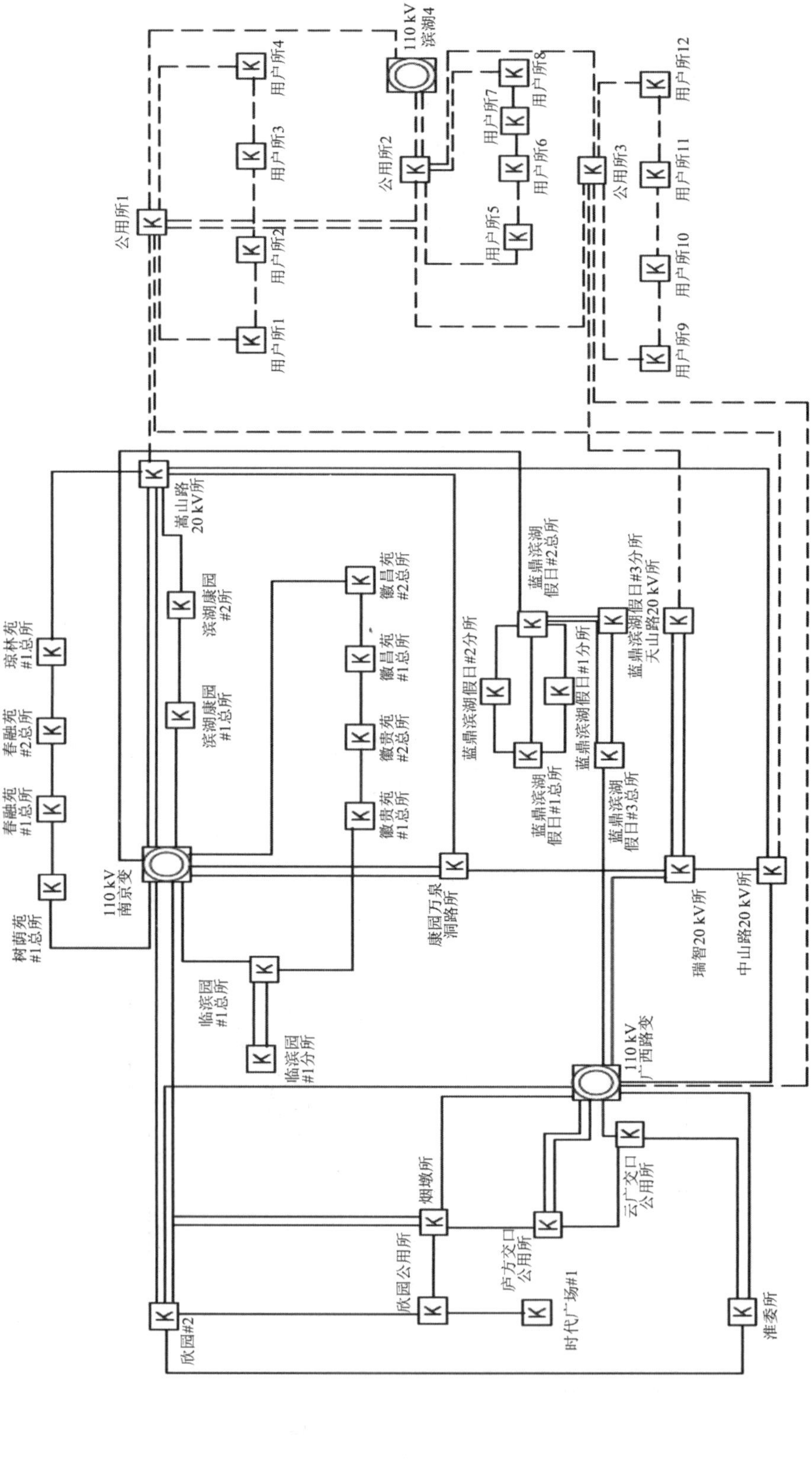

图 10.2　方案 2 接线示意图

表 10.1 全寿命周期成本分析基础参数

项目		明细	单位	方案一	方案二
基本参数	型号	YJV22-3×300	—	—	—
	载流量	YJV22-3×300	A	400	400
	单位长度电阻	YJV22-3×300	Ω/km	0.0794	0.0794
	基于接线模式的负载率	单辐射	—	75%	75%
		单联络	—	50%	50%
		两联络	—	60%	60%
		多联络	—	75%	75%
	负荷特性	线路功率因数	—	0.9	0.9%
		最大负荷损耗小时数	h	6000	6000
		最大负荷利用小时数	h	4000	4000
	供电可靠率	单辐射	—	99.9757%	99.9757%
		单联络	—	99.9831%	99.9831%
		两联络	—	99.9955%	99.9955%
		多联络	—	99.996%	99.996%
建设成本	YJV22-3×300	单位造价	万元/km	85	85
		长度	km	32	37
	断路器	价格	万元/个	3	3
		数量	个		
	环网柜	价格	万元/个	50	50
		数量	个	15	
	负荷开关	价格	万元/个	0.25	0.25
		数量	个		
	其他		万元	50	50
运行成本	线路检修维护费率		—	0.0035%	0.0035%
经济性参数		10 kV及以下平均售电价	元/(kW·h)	0.72851	0.72851
		购售电价差	元/(kW·h)	0.22941	0.22941
		度电产值	元/(kW·h)	22	22
		线路运行寿命	年	30	30
		折现率	—	7%	7%
线路平均负荷			kW	5330	5330
线路最大负荷损耗			kW	100	100
系统平均停电持续时间			h	0.88	0.88

经济性分析：

每个供电方案都必须满足同样的电力需求，因此它们的收益是相等的。比较不同供电方案的经济性，只需计算各个方案的费用，并以费用最少作为方案选优的标准。基于以上考虑，方案比选可采用年费用法，根据年费用大小判定其经济性。

计算年费用时，费用分解结构模型不必覆盖寿命周期内的所有细节成本。根据有无对比原则，两种相同或是非常相近的成本予以忽略，占LCC计算较小且难以精确量化的成本因素也予以忽略。因此，可不考虑退役处置费用和损耗费用，并将运行费用简化为线损费用和线路维护检修费用。同时，两种方案新建开闭所选址位置及占地面积均相同，线路均采用地下电缆穿管方式，因此，两种方案下的土地机会成本和环保成本差异亦可忽略，即简化后的全寿命周期成本模型如下：

$$LCC=CI+CO+CF$$

全寿命周期成本各组成部分的分项成本计算如下：

① 建设投资成本(CI)

中压线路的投资一般可用下式进行估算：

$$CI = L \times C_0 + num \times C_f$$

式中，L为中压线路长度(km)；C_0为单位长度的线路投资(万元/km)；C_f为环网开关(负荷开关或环网柜)的投资(万元/台)；num为线路的分段数与联络数的合计值。

方案1的初期建设投资成本低于方案2约125万元，详见表10.2。

表10.2　初期建设投资成本

<table>
<tr><th colspan="3">建设内容</th><th>一次性投资(万元)</th></tr>
<tr><td rowspan="3">CI</td><td>方案1：新建20 kV系统开闭所3座，负荷开闭所12个，20 kV线路32 km</td><td></td><td>11732.2</td></tr>
<tr><td></td><td>方案2：新建20 kV系统开闭所3座，负荷开闭所12个，20 kV线路37 km</td><td>11857.15</td></tr>
<tr><td colspan="2">CI差额(方案2–方案1)</td><td>124.95</td></tr>
</table>

② 年运行费用(CO)

年运行费用包括线路损耗费用、线路检修维护费用。计算公式如下：

$$CO = \alpha \Delta A \times 10^{-4} + U_1$$

式中，U_1为线路检修、维护费；α为10 kV购电价（元/(kW·h)）；ΔA为线路全年电能损失总值(kW·h)，并且有

$$\Delta A = \Delta P_l \times \tau$$

式中，ΔP_1为线路最大负荷损耗；τ为最大负荷损耗小时数。

通过年运行费用计算可知：方案1的运维成本高于方案2约38万元，详见表10.3。

表10.3　年运行费用

	建设内容		折算年均成本（万元）
CO	方案1：新建20 kV系统开闭所3座，负荷开闭所12个，20 kV线路32 km		694.41
		方案2：新建20 kV系统开闭所3座，负荷开闭所12个，20 kV线路37 km	656.18
	*CO*差额（方案2–方案1）		–38.23

③ 故障停电损失成本(CF)

计算停电损失可以考虑两种情况，一是仅分析公司成本，即只计及直接损失；二是在公司成本的基础上，进一步考虑社会效益，即同时计及停电的直接损失和间接损失。

直接损失是指停电给供电公司造成的经济损失。直接损失采用购售电价差×停电时间进行估算，计算公式如下：

$$LOSS_1 = P_1 \times AIHC \times \alpha \times 10^{-4}$$

式中，$LOSS_1$为停电造成的供电公司直接经济损失（万元）；$AIHC$为系统平均停电持续时间(h)；P_1为单条线路的平均负荷(kW)；α为购售电价差（元/(kW·h)）。

间接损失是指停电对社会和用户造成的损失。间接经济损失可采用度电产值计算。度电产值是指某一时期（年）某一地区内国民生产总值(GDP)与所消耗电能的比值（元/(kW·h)）。间接损失计算公式如下：

$$LOSS_2 = P_1 \times AIHC \times k \times 10^{-4}$$

式中，$LOSS_2$为停电造成的间接经济损失（万元）；$AIHC$为系统平均停电持续时间(h)；P_1为单条线路的平均负荷(kW)；k为度电产值（元/(kW·h)）。

方案1的故障停电损失成本比方案2高1.46万元，详见表10.4。

表10.4　故障停电损失成本

	建设内容		折算年均成本（万元）
CF	方案1：新建20 kV系统开闭所3座，负荷开闭所12个，20 kV线路37 km		10.23
		方案2：新建20 kV系统开闭所3座，负荷开闭所12个，20 kV线路32 km	8.69
	*CF*差额（方案2–方案1）		–1.46

方案比选结果：

通过计算可知，方案1初次投入费用为11732.2万元，线路年运行费用为694.41万元，年故障停电损失成本为10.23万元，平均年费用1899.8万元。

方案2初次投入费用为11857.15万元，线路年运行费用为656.18万元，年故障停电损失成本为8.69万元，平均年费用1872.76万元，详见表10.5和图10.3。

表10.5　方案比选结果对比

方案比选结果	折算年均成本（万元）
方案1	1899.8
方案2	1872.76
全寿命周期差额（方案2－方案1）	27.04

综合以上计算分析，可以看出，仅考虑投资成本，方案2比方案1多投资125万元，考虑全寿命周期成本后，方案1在第5年的累计费用就已超过方案2，方案2年平均费用比方案1少投资27万元，方案2具有优势，因此，将方案2作为推荐方案。

（2）案例2：典型农村区域配变选型配置方案比选

农村配电网负荷特点如下：

一方面，近年来，随着农村居民生活水平的提高，家用电器的普及使用，特别是受到了家电下乡政策的激励，空调、取暖器等大容量电器普遍进入农村，农村用电负荷迅速增加，使得配变满载或过载运行。另一方面，农村配电网负荷峰谷差较大，且有一定的规律性。农村配电变压器日常负荷一般较低，而在春节期间，随着务工人员的返乡，负荷会迅速地增长至最大值，且是日常负荷的数倍以上。春节后，随着务工人员的陆续返工，负荷又会迅速回落至较低水平。

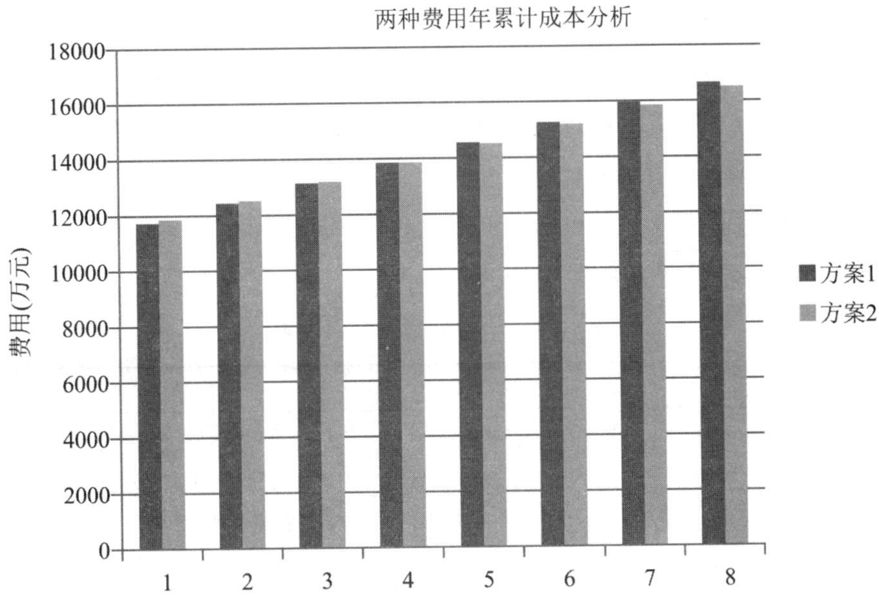

图10.3　两种方案年费用累计成本分析

规划方案比选：

对于最大农村D类区域最大负荷峰谷差在5倍以上的典型台区，在配变选型配置时有如下两种方案：

方案1：配置1台容量为400 kV·A的配变，配变类型为S11型油浸式变压器。

方案2：采取大小配变组合方式，配置1台容量为400 kV·A的配变和1台100 kV·A的配变。在负荷水平较低时，运行100 kV·A的配变。在负荷高峰期间，运行两台配变。

经济性分析：

计算年费用时，对两种相同或是非常相近的成本予以忽略，占LCC计算较小且难以精确量化的成本因素也予以忽略。因此将运行费用简化为配变损耗费和线路维护检修费用。同时，两种方案新建配变选址位置及占地面积均相同，高低压台区线路均相同，因此，两种方案下的土地机会成本和环保成

本差异亦可忽略,即简化后的全寿命周期成本模型如下:

$$LCC = CI + CO + CF + CD$$

全寿命周期内年均成本费用的计算公式为

$$CA = CI\left[\frac{r_0(1 + r_0)^n}{(1 + r_0)^n - 1}\right] + CO + CF$$

式中,CA为平均分布在n年内的中压配变年总费用;CI为中压配变建设投资费用;CO为中压配变年运行费用;CF为中压配变年停电损失费用;n为配变经济使用年限;r_0为折现率。

对两种方案进行全寿命周期成本分析对比,配变选型均选择为S11至油浸变压器。主要计算参数见表10.6。

表10.6 主要计算参数对比表

	方案1	方案2	备注
配变单价(元)	40000	55800	最近一次招标价,含高低压切换装置
低压线损率差值	0	45%	以单变为基准,子母变按照100 kV·A投12个月,400 kV·A投4个月
年台区低压关口电量(kW·h)	920000	920000	淡季与高峰季电量各占50%
购电价(元/(kW·h))	0.414	0.414	
售电价(元/(kW·h))	0.57	0.57	

① 建设投资成本(CI)

子母变与单台配变在台区低压配置和中压输电网配置上基本一致,在设备上仅增加了一台小容量的配变和相关的高低压切换装置,安装成本比单台变略高。详见表10.7。

表10.7 建设投资成本对比表

建设内容			一次性投资(万元)
CI	方案1:新建400 kV·A配变1台		50000
		方案2:新建400kV·A 1台,100 kV·A配变1台,安装高低压切换装置	67800
	*CI*差额(方案1−方案2)		17800

② 年运行费用(CO)

年运行费用包括配变损耗费用、配变检修维护费用。计算公式如下：

$$CO = \alpha \Delta A \times 10^{-4} + U_1$$

式中，U_1为配变检修、维护费；α为10 kV购电价(元/(kW·h))；ΔA为配变全年电能损失总值(kW·h)，并且有

$$\Delta A = \Delta P_1 \times \tau$$

式中，ΔP_1为配变最大负荷损耗；τ为最大负荷损耗小时数。当配变经济运行状态时损耗约为1.0%，重载和轻载运行状态下配变损耗最高约为2.0%。

据此计算，单变运行年度损耗电量ΔA约为1.38×10^4 kW·h，子母变运行年度损耗电量ΔA约为0.92×10^4 kW·h。对运行检修成本来说，2台变涉及负荷高峰期与淡季交替时的配变投切问题，即多2个台班的人工及试验设备使用费用。

综合比较，方案1的损耗及运维成本高于方案2约910元。详见表10.8。

表10.8　年运行费用

	建设内容		折算年均成本(元)
CO	方案1:新建400 kW·A配变1台		6910
		方案2:新建400 kW·A 1台，100 kW·A配变1台，安装高低压切换装置	5200
	CO差额(方案1–方案2)		910

③ 故障停电损失成本

计算停电损失只计及直接损失。采用购售电价差×停电时间进行估算，计算公式如下：

$$LOSS_1 = P_1 \times AIHC \times \alpha \times 10^{-4}$$

式中，$LOSS_1$为停电造成的供电公司直接经济损失(万元)；$AIHC$为系统平均停电持续时间(h)；P_1为单条线路的平均负荷(kW)；α为购售电价差(元/(kW·h))。

从满足相同负荷类型和同一区域用户供电考虑，子母变因为具有2台配变，供电可靠性相对提高。参照D类区域供电可靠性99.72%为基准，因配变故障引起的年度平均停电时间为12 h，因配变故障引起的配变平均停电时间为6×0.75+12×0.25=7 h。

则方案1的$LOSS_1=920000/8760\times12\times(0.57-0.414)=189$元。

方案2的$LOSS_1=920000/8760\times7\times(0.57-0.414)=110$元。

方案1的年均故障停电损失成本比方案2高79元。详见表10.9。

表10.9　故障停电损失成本

	建设内容		折算年均成本（元）
CF	方案1:新建400 kV·A配变1台		189
		方案2:新建400 kV·A配变1台,100 kV·A配变1台,安装高低压切换装置	110
	*CF*差额(方案2−方案1)		79

(4) 报废成本

按设备残值率5%计,两种方案的年均报废成本详见表10.10。

表10.10　年均报废成本对比表

	建设内容		折算年均成本（元）
CD	方案1:新建400 kV·A配变1台		−2500
		方案2:新建400 kV·A配变1台,100 kV·A配变1台,安装高低压切换装置	2651
	*CD*差额(方案2−方案1)		276

综合以上计算分析,可以看出,仅考虑投资成本,方案2比方案1多投资1.78万元,考虑全寿命周期成本后,方案2比方案1少每年少投资865.7元,方案2具有优势,因此,将方案2作为D类区域负荷峰谷差在5倍以上的典型台区配变配置的推荐方案。

表10.11　方案比选结果对比表

方案比选结果	折算年均成本(元)
方案1	9692.5
方案2	8826.8
全寿命周期差额(方案2−方案1)	−865.7

10.2　物资采购环节深化应用

10.2.1　物资采购环节重点工作要求

1. 选好招好设备

设备部联合规划部门推进输变电工程通用设计差异化应用，加强项目可研设备LCC选型论证，运检专业深度参与项目前期，推动“选好”设备；协同物资部门推进物资物料优化和设备标准化，按需选用优质设备，深化设备运行绩效和质量监督成果应用，突出质量选优采购策略，试点开展设备LCC招标采购，合理提高重点地区和重点工程设备档次，完善市场退出机制。

2. 物资计划管理

(1) 采购目录管理：贯彻两级集中采购全覆盖和“放管服”管理要求，深化两级采购全覆盖，强化集中采购目录管控，强化物资计划源头管控，优化完善集中采购目录，实现采购界面更加清晰、采购管控更加精益。

(2) 需求计划管理：加强物资部门在项目前期的参与度，统筹协调需求计划和综合计划以及预算，扩大协议采购库存范围，确保计划合规、准确、及时，实现闭环管控。

(3) 物资标准化管理：深化物资标准化管理，落实设备标准物料再压减目标，加强标准物料和优选物料应用力度，推广应用优质设备技术规范，提升设备分级分类水平和通用互换性，落实提高设备质量的要求。

3. 物资采购管理

(1) 招标技术规范书管理：完善技术规范书管理机制，加强沟通流程管控，推进技术规范书修订工作，提升设备招标针对性、符合性。

(2) 招标采购：深化实施差异化采购策略，精简压缩设备型号，加强评标技术中的客观分占比，加强供应商与专家管理，持续优化招标采购策略，严把设备质量入口关，提升物资招标采购工作成效。

(3) 设备监造管理：深化实物“ID”建设应用，智能化采集物资监造信息，优化监造管控策略，实现设备有的放矢监造和供应商差异化监造，进一步提高设备监造精益化管理水平。

(4) 设备抽检管理：利用实物“ID”，加强抽检过程管控，推进仓储配送、监造抽检管理从模块"孤岛"向业务"链条"发展，实现全景质控业务智慧运营，实现抽检随机性和针对性的有机统一。

(5) 仓储配送：以现代智慧供应链建设为依托，优化仓储网络布局，推进"开放、共享、协同、高效"的仓储配送网络体系建设工作，提升物资供应保障能力，促进供应链智慧卓越发展。

(6) 物资现场收发货：深化移动物联网、大数据、实物"ID"等技术应用，提升现场作业效率，实现物资线上收发货流程标准化、业务信息校验智能化，保证信息的准确性，为"装好""用好"设备等环节提供数据支撑。

(7) 供应商评价：加强供应商质量事件、诚信、服务、履约等方面的评价工作，完善供应商绩效评价与反馈管理机制，落实信息系统支撑，保障设备质量及供应商服务质量等。

10.2.2 往期资产管理深化应用成果

1. 往期省公司资产管理深化应用及课题案例

(1) 基于"五位一体"的物资采购业务全流程风险管控

某公司基于"五位一体"物资采购业务全流程风险管控，在"五位一体"协同机制深化应用的基础上，通过精益流程，明确流程关键节点，针对关键节点的工作要求，结合业务实际经验，从法律风险、廉洁风险、舆情风险、履约风险、效率风险5个维度，梳理潜在的风险点，并对风险点进行评估，确定风险等级，编制严密的防控措施，同时细化岗位职责、优化制度标准、加强考核评价，健全招标采购风险防控机制，落实各部门、各岗位风险防控责任，全面提升物资采购业务风险管控能力，确保物资采购风险可控、能控、在控。

(2) 创新采购管理模式，实现高效集中管控

某公司创新采购管理模式，以"细化采购目录，管控采购过程"为管理理念，在严格执行国网公司采购目录和应用批次招标采购方式的基础上，编制授权采购物资目录，明确框架和定点采购零星工程与服务类型；编制采购实施方案及操作手册，细化业务操作流程；制定完善相关管理制度，强化过程管控，规范业务管理，通过物资授权采购及零星工程与服务框架和定点采购模式的引入，进一步优化采购模式，提高采购效率、效益，有力推进集中采购管控全覆盖。

授权采购、零星工程与服务全覆盖经过公司近两年的实际运行，取得了

明显的管理效益。可实际解决省公司直接组织实施难度大、招标成本高、采购周期长的问题。上述两种采购方式的投入使用，降低了集中采购难度、促进了集中采购规范化管理、提升了服务水平。国家电网公司管理模式统一，在物资采购管理上各个网省公司面临着相同的问题，因此推广成本低，受益面大。

2. 往期地市公司典型经验案例

强化市县物资归口管理，完善计划审查内控机制。授予市供电公司物资供应公司、县公司安全运检部（检修工区）物资管理职能，对所属单位物资工作进行归口管理。近年来，要求各级物资需求单位加强计划预审工作，实行县公司、市公司、省公司三级计划审查模式，实现管控关口前移和责任分解机制。坚持物资计划和技术规范书审核、分析、总结、通报的周期化、常态化工作机制，通过对物资计划及时率和准确率管理通报指标，定期分析、通报物资计划申报工作质量，加强对存在问题的整理汇总和诊断分析，持续改进，促进物资计划管理水平提升。

大力推进固化“ID”工作，实现物料编码、技术规范书和标书的“三位一体”关联。一是结合配网标准化管理要求，根据公司使用环境和电网特点，联系运检部开展10 kV及以下设备材料标准梳理工作，从总部914种物资品类中梳理出263种，并形成公司农配网标准物料库，提高物资的通用性。二是积极落实总部35 kV及以上固化“ID”工作，改变标书管理和编制模式，通过积极宣贯，需求单位选用标准技术规范的比例大幅提高，应用比例从14%提高到85%，通过标书由编制模式到选用模式的转变，建立物料和标书的关联，降低计划申报难度，提高计划申报准确性。三是结合前期招标澄清问题和履约问题反馈，集中对省内采购标准和技术规范书进行修订，同时固化到ECP系统，编制统一的技术规范书“ID”，实现采购标准、物料编码、技术规范书三者关联，提高标书的适用性和准确率。

10.3 建设转资环节深化应用

10.3.1 建设转资环节重点工作要求

1. 完善过程管控,造好装好设备

设备部联合物资部门落实各项目单位的设备质量监督主体责任,开展设备供应商差异化监造、监造管控策略优化、监造信息智能化采集等,推动监造规范化、流程化。要严格执行抽检定额规定,落实抽检"三个百分之百"全覆盖要求,对抽检合格率低于平均值的物资或供应商,扩大抽检比例和频次,实现"造好"设备。协同建设部门加强设计单位考评,提升项目设计质量,实施细致严格的施工质量管控,共享设备安装调试、验收、缺陷信息,实现"装好"设备。

2. 工程建设管理

(1) 初步设计:加强初步设计管理,严格落实"七不审"及"做深可研设计、做优初步设计、做实施工图设计"的要求,实现电网本质安全,全寿命最优目标。

(2) 工程前期:推进可研初设一体化管理,深化三维设计应用,加强初步设计评审质量管理,推进可研设计优化工作,加强关键环节把控,强化源头管控,保障工程前期工作高质量、高效率完成。

(3) 建设施工:加强建设施工过程中标准化设计、工厂化加工、模块化建设、机械化施工应用,推进项目过程管控资料结构化录入,深化专业数据共享,打破业务"壁垒",提升设备安装质量及建设施工质量。

(4) 竣工验收:加强设备性能指标、安装调试质量、交接验收等核查工作,探索开展基于设备"ID"的工程设计、安装调试、交接验收等基建数字化资料移交,确保质量信息完整准确,保障工程零缺陷投运。

3. 投运转资

(1) 账、卡、物一致性管理:推进电网资产统一身份编码建设相关要求,形成设备电子身份信息,关联相关技术参数及建设数据,实现100%扫码建卡,基于实物"ID"实现设备与层次树及拓扑图的对应,自动创建设备台账。

(2) 投运转资管理:优化资产数据流转路径及建筑安装等费用分摊规

则，推进新建设备自动转资。

10.3.2　往期资产管理深化应用成果

1. 往期省公司资产管理深化应用及课题案例

(1) 强化依法合规建设电网，持续提升造价关键环节管控能力

某省公司通过深入开展电网基建工程依法治企管理工作，通过各部门、各单位的联合协作，建立起电网基建工程依法治企的全方位管理体系；积极调整工作思路和方法，认真研究电网基建工程领域依法治企的实际问题，狠抓基建内控流程应用和员工工作规范，以管理制度、技术标准为硬约束，以国网公司基建通用管理制度和基建内控体系流程为抓手，多措并举，落实到位，大力促进电网基建工程依法建设和规范管理水平的提升，降低工程建设领域的审计、法规风险。

一方面，通过建立"规范提资、分级审核、集中审查、督察闭环"造价标准化管理流程，明确各个阶段结算管理内容及时间规定，然后把任务规定进行分解，落实到各部门、各管理人员。另一方面，通过一系列细则和模板的实施和信息化推进，明确造价管理的标准化，结算审查的标准化、工程变更签证的标准化、费用开支的标准化、审查意见的通用格式化，从而确保工程结算的及时性、规范性、合理性。

2. 往期地市公司典型经验案例

强化变电站主要设备安装全过程质量管控，确保质量工艺水平，是贯彻"百年大计，质量第一"方针，落实国家电网公司建设坚强智能电网的战略目标的基本保障。"十三五"期间，电网建设呈现出规模大、项目多、任务重的新局面；某供电公司积极开拓思路创新，协调工程参建各方，组织相关人员对工程建设从项目前期、工程前期、工程建设阶段、工程移交后4个阶段质量管控，将电网工程质量管理落到实处，实现各电压等级电网工程零缺陷移交、全面达优管控目标。

主要管理做法有：

(1) 对于变电站主设备的质量管理，在项目前期阶段对站址的选择要充分考虑周边的整体规划、污秽等级、地质特点及温湿度情况等因素，要仔细分析该地区的电网结构特点。

(2) 对于变电站主设备的质量管理，在工程前期阶段对设计质量、变电

站物资质量及合同管理环节进行严格把控。

(3) 在工程建设阶段的质量管理与施工过程有关,包括对中间产品(工序产品或分部、分项工程产品)的质量控制。在进行施工过程质量控制时,施工图审会检及交底、施工过程工序控制、中间产品质量控制是影响工程质量的主要因素。

(4) 对于工程移交及之后的质量管理,严格按照施工单位三级自检、监理单位中间验收、业主单位预验收、工程启委会验收程序开展工程竣工验收工作,针对每个验收环节存在的问题,在完成闭环整改的同时,要全部做好记录,建立缺陷整改库。建立质量回访制,对投产项目进行运行情况跟踪,配合运行单位及时处理运行过程中存在的问题,消除影响工程达优的不利因素,确保工程达标创优目标的实现。

10.4 运维检修环节深化应用

10.4.1 运维检修环节重点工作要求

1. 用好设备

公司设备部严格执行设备技术标准和18项反措,深化红外、局放等检测技术应用,科学开展设备状态评价和风险评估,编制差异化运维策略,合理安排检修计划,规范开展设备检修,大力推进配网检修不停电作业。加强设备退役报废管理,严格执行设备退役计划,规范开展报废技术鉴定,加快退役报废审批,合理推进再利用工作,积极推动退役设备省内、跨省调拨,加强备品备件合理配置与消耗闭环管理,提升设备利用效率效益,实现“用好”设备。

2. 精准投资

落实总部“顶层设计、严控规模”,分部“区域管理、督导执行”,省公司“分批分解、过程管控”,地市公司“贯彻执行、有效反馈”的项目管理机制,强化项目投资必要性、经济性论证,优化项目评分排序,提升项目计划合理性。坚持投资分层分级决策机制,强化项目“事前统筹、事中分析、事后考评”管理,加强重点督办项目管控,强化项目造价控制,合理开展项目调整,提高项目后评价工作质量,提升项目管理质效和资金使用效益。

3. 设备运行管理

（1）巡视管理：落实公司精益化管理目标，全面提升数字化技术能力，深化信息化建设应用，加强数据治理和运营，加快数据融通共享，建立智能运检，提升巡检设备可靠性，以信息化、数字化提升精益化管理水平。

（2）检测管理：提升运维检测队伍的装备水平，提升检测质量和效率，建立带电检测装备行业标准，加强带电检测设备入网管控，全面提升设备带电检测能力，保障设备本质安全。

（3）缺陷管理：深化智能装置推广应用，推进运维阶段全量缺陷信息线上管理，强化实物"ID"应用，实现各阶段的缺陷信息全量、全过程管理，支撑各专业开展数据分析及辅助决策。

（4）设备运行：大力推动变电信息化、智能化建设，提升设备质量和状态管控水平，进一步提高电网设备运行可靠性，实现设备状态透明化、数据分析全景化、业务流程标准化、诊断决策智能化、运检管理精益化。

4. 设备状态检修管理

（1）检修计划管理：深化检修专业化、精益化，强化应急处置能力，有效推行可靠性检修和工厂化检修，推进各类变电主设备标准化检修导则修订工作，规范检修项目、流程、工艺和标准。

（2）检修管理：落实"全数据、全业务、全流程"的目标要求，加强检修计划制订、前期准备、现场实施、评价总结的数字化与智能化建设，加强培育"专科医生"型检修队伍建设，有效提升变电检修效益、效率。

（3）运维管理：推进设备属地化管理，建立"运维全科医生"运维队伍，严格执行标准化作业卡，基于设备状态评估开展差异化主动运维，强化一线运维人员安全、作业水平管理，全力做好设备运维工作。

（4）状态评价：强化设备状态检修模块的数据分析工作，加强设备带电检测工作管理，加强运检人员专业技术培训，提升设备安全性，减少设备风险的发生。

（5）抢修资源调配：强化检修专业针对设备异常的检测、分析的应急处置核心能力建设，建立设备异常告警、分析、处置、总结闭环的高效应急处置机制，提升设备异常后现场检测及抢修的应急处置能力。

（6）应急抢修：强化检修专业针对设备异常的检测、分析的应急处置核心能力建设，提升设备异常后现场检测及抢修的应急处置能力，以实物"ID"

为抓手,贯通应急抢修全业务数据,提升应急抢修故障处理的及时性。

5. 技改大修管理

按照分层决策、分级管控的原则,推进工程现场安全管控,构建差异化分析模型,推进设备运检策略分析,辅助差异化运检策略编制和技改大修项目储备,努力提升生产技改大修精益化管理水平。

6. 设备质量管理

坚持长三角一体化发展,等高对接江、浙、沪,大力实施全过程技术监督,把好规划设计关口、选型采购关口、出厂验证关口和投运验收关口,建立设备全面质量管理体系,健全设备可靠性提升标准体系,推动设备迈向中高端。

7. 设备智能化管理

推进设备侧物联网建设,创新驱动设备管理信息化、智能化水平,着力构建现代化智能化设备精益管理体系。

8. 备品备件管理

完善变电设备备品、备件集中存储标准,减少备品、备件储备的相对独立性,提升备品、备件利用率,建立备品、备件统筹共享机制,减少资金占用。

10.4.2 往期资产管理深化应用成果

1. 往期省公司资产管理深化应用及课题案例

基于状态检测的输变电设备状态检修管理。

2008年以来,国家电网公司大力推行状态检修,但传统状态检修管理模式仍以周期性停电例行试验为基础,系统供电可靠性和设备可用系数仍有待进一步提高。同时,随着状态检测技术不断成熟,原来需要停电例行试验才能获取的设备状态量大部分已可以利用状态检测手段获取。因此,某电力公司运维检修部、电力科学研究院提出建立基于状态检测的输变电设备状态检修管理新模式。

该管理模式以不停电状态检测技术深化应用为基础,优化设备关键状态参量,建立安全风险评估量化模型,落实差异化管控措施,进一步减少无效停电和重复停电次数,减轻一线班组负担,降低运维检修成本,提高电网运营效益,使状态检修工作更科学、更精益、更高效。

为了将该项工作落到实处,采取了以下措施:① 优化工作制度,健全状态检修工作体系;② 加大新技术应用力度,完善设备检测技术手段;③ 创新工作机制,提升状态检测工作水平;④ 应用先进信息技术,提高状态管理信息化水平;⑤ 加强技术技能培训,培养专业骨干;⑥ 建立绩效动态跟踪考核机制。

成果实施以来,全省输变电设备供电可靠性进一步提高,设备缺陷、异常、事故数量整体减少,检修成本也明显下降,输变电设备精细化管理水平进一步得到提高,产生了明显的经济效益和社会效益。

2. 往期地市公司典型经验案例

变电智能巡检技术管理应用与提升。

随着科技进步和两个一流建设的不断发展,以“信息化、数字化、自动化、互动化”为特征的智能电网建设逐渐深入,变电站智能巡检机器人进入了推广应用阶段。利用智能巡检技术可实现例行巡视、表计读取并自动存储对比分析、恶劣天气巡视、红外精确测温、后台自动存档分析等功能,有效地提升了变电站巡检效率和效益,减轻了基层班组一线员工的工作负担。

某供电公司目前已投运变电站50座,220 kV 11座、110 kV 38座、35 kV 1座。站点位置覆盖全市4县3区,随着近年来“大检修”体系的深入推进,它改变了由运维人员进行设备巡视和现场操作,由检修人员进行检修维护这种专业分工协作的生产组织方式。现有工作模式下,在由运维人员统一负责倒闸操作和设备巡视的基础上,增加了相对简单的设备维护性检修工作。运维人员面临着检修和运行专业上的双重要求,这对运维人员综合技能水平提出了更高要求。而通过变电智能巡检修技术的推广应用,可以很好地完成变电站一次设备巡视、测温等日常性工作。为运维人员减轻繁重工作量的同时,也能通过智能比对手段,及时发现设备异常,保证变电设备的安全稳定运行。

10.5 退役处置环节深化应用

10.5.1 退役处置环节重点工作要求

1. 电网实物资产退役管控平台应用

构建电网实物资产退役管控平台建设应用,实现年度退役计划编制、拆除计划编制、现场设备实拆情况盘点及废旧物资处置线上运行，并在各市公司及所辖县公司开展试点应用工作。优化电网实物资产退役管控平台拓展功能并上线，同时对系统应用情况进行按期管控、督导、核查，确保退役项目、退役设备线上正常流转，设备状态线上线下保持同步一致。

2. 资产退役管理

（1）设备退役：落实“应拆必拆，应交必交”，加强设备退役报废管理，严格执行设备退役计划，深化实物“ID”应用，分析拟退役设备的处置方式，形成退役技术鉴定报告，提升设备利用效率效益，实现“用好”设备。

（2）退役资产拆除、移交：加强运检成本项目分级管控，深化电网设备退役管控中心推广应用，规范退役计划、技术鉴定和拆旧处置，规范实物资产退役处置管控流程，实现“应拆必拆，应交必交”。

（3）逾龄资产价值重塑：建立逾龄资产管控长效机制，强化账、卡、物数据治理，确保逾龄资产治理常态化开展，充分发挥“有效”逾龄资产应有价值，提高企业利润。

3. 设备再利用管理

完善设备再利用的评估及量化指标，健全工程项目再利用情况的监测指标和评价、考核、激励机制，促进跨省、跨市调拨工作，提高可再利用设备的利用效率。

4. 废旧物资处理

建立存新率较高的退役物资、长期库存积压物资的反向拍卖机制，集成供应链及财务信息，降低供应链库存成本，提高公司经济效益。

5. 资产后评价

提高利用质量和效能，为后续资产规划设计阶段的投资策略、采购策略优化、建设方案选择、运检策略优化和退役处置决策提供参考，保证公司持续稳定发展。

10.5.2 往期资产管理深化应用成果

1. 往期省公司资产管理深化应用及课题案例

电网资产退役及再利用管理联动机制研究。

2017年，国网公司试点推进退役及再利用管理联动机制研究。进一步研究资产评估和技术鉴定等方法，确定再利用后资产价值和预计可使用年限，加强资产再利用过程的税务筹划研究，合规合法控制再利用工作成本；规范、优化设备退役处置及再利用流程，建立全流程信息化的设备再利用管理方法，及时有效发布退役设备信息，向规划、基建等前段环节反馈；完善设备退运、拆旧、调拨等变动情况与资产价值信息联动，全面、真实、准确反映可再利用设备信息；健全工程项目利旧监督、考核及激励机制，研究退役设备在全网、全省及地市县多级管理范围内的再利用管理机制，提高可再利用设备的利用效率。

2. 往期地市公司典型经验案例

基于项目源头管控的废旧物资协同闭环管理。

某供电公司在项目拆旧物资鉴定报废与废旧物资处置工作中，物资部门一直面临废旧物资“交多少收多少”、而不是“应交多少收多少”的局面，各类监督检查中也发现了项目拆旧物资不能及时回收、未及时办理鉴定报废手续导致无法处置、物资拆除不及时、二次运输和重复存储等各类问题，使公司在经济效益、管理效率和廉政风险方面存在较大风险。

废旧物资管理由于具有类别多、管理链条长、协调部门多等特点，是各类审计、检查的焦点与重点，逐步成为物资管理环节上的难点。为了有效加强废旧物资管理，结合目前大修技改、城农网改造大规模投资的特点，研究从工程设计环节着手，同项目部门源头梳理拆旧物资数量、类型，逐项目编制下发拆旧管控单，督促项目管理部门拆旧计划的刚性执行。实现废旧物资的及时和完整入库，实现废旧物资管理高效、廉洁的处置效果。

主要管理做法如下：

(1) 理清工作程序，完善组织体系：以全链条管理提升为导向，成立拆旧物资管理领导机构和工作小组，将废旧物资管理分为拆旧物资计划编制、退役设备技术鉴定、报废物资交接处置等主要控制环节，根据工程管理流程和设备设施维护权限，明确各部门职责和项目单位业务实施要求，从组织运作上加强管理，改变以往“不重视拆旧物资处置”的工作习惯。

(2) 优化流程管理，突出源头管控：① 编制年度投资综合计划。物资供应中心和各项目部门按照公司年度综合计划，结合审批项目建议书确定技改、大修和农网升级改造等项目形成工程拆旧物资清单，明确拆旧物资的鉴定、报废、拆除、保管、移交和处置的时间节点，纳入工程里程碑计划。② 编制实施方案，组织市县公司进行学习宣贯。市公司物资供应中心编制项目拆旧物资源头管控的实施方案,组织各部门人员进行学习,确保该项工作如期正常开展。③ 编制项目实施清单,实施跟踪管理。物资供应中心根据编制的项目拆旧物资清单明细数据制订项目拆旧跟踪表,并根据施工进度确定大致回收时间、交接地点和联系人员等信息。④ 编制废旧物资处置清单,报送省公司进行电子商务拍卖平台处置。⑤ 依托ERP废旧物资系统应用,强化废旧物资延伸管理。公司积极深化ERP废旧物资系统应用,以系统应用进一步促进项目拆旧废旧实物管理。

(3) 通过部门协同,强化绩效考核与控制:为确保项目拆旧物资跟踪表的有效执行,实现废旧物资的足额、高效回收,物资供应中心采取内外结合的形式,多措并举着力提升废旧物资处置管理及其相关指标。

10.6 其他方面

1. 财务预算

坚持"花钱问效"原则,持续优化预算管控机制,强化精准投入、精益管理、精细作业,着力构建科学、透明、规范的现代预算管理体系,保障公司稳健经营、电网可持续发展。

2. 成本管理

落实公司成本管理相关政策,以预算控成本,推进产融协同,深化项目成本管理,大力推进降本节支,切实落实"花钱问效、无效问责"。

3. 各环节设备监测协同

构建基于实物"ID"的设备全寿命监测分析平台,实现设备全过程数据共享、全流程指标监测、全业务辅助分析,有效支撑设备全寿命周期的安全、质量、效能和成本平衡协调。

4. 各环节数据资源共享

构建全寿命周期数据资源目录,实现关键业务信息集成与交互,打造资产全寿命关键数据产品集,实现设备资产全方位关联、全流程贯通、全业务应用的数据资源共享生态。

参 考 文 献

[1] 舒印彪,寇伟,栾军.电力企业资产全寿命周期管理体系建设与评价[M].北京:中国电力出版社,2017.

[2] 刘振亚.企业资产全寿命周期管理[M].北京:中国电力出版社,2015.

[3] 帅军庆.电力企业资产全寿命周期管理理论、方法及应用[M].北京:中国电力出版社,2010.

[4] 国网江苏省电力有限公司组.电网企业资产全寿命周期管理体系建设与运行[M].北京:中国电力出版社,2018.

[5] 国网河南省电力公司经济技术研究院组.电网资产全寿命周期管理体系建设百问百答知识手册[M].北京:中国电力出版社,2014.

[6] 李葆文.设备管理新思维新模式[M].北京:机械工业出版社,2010.